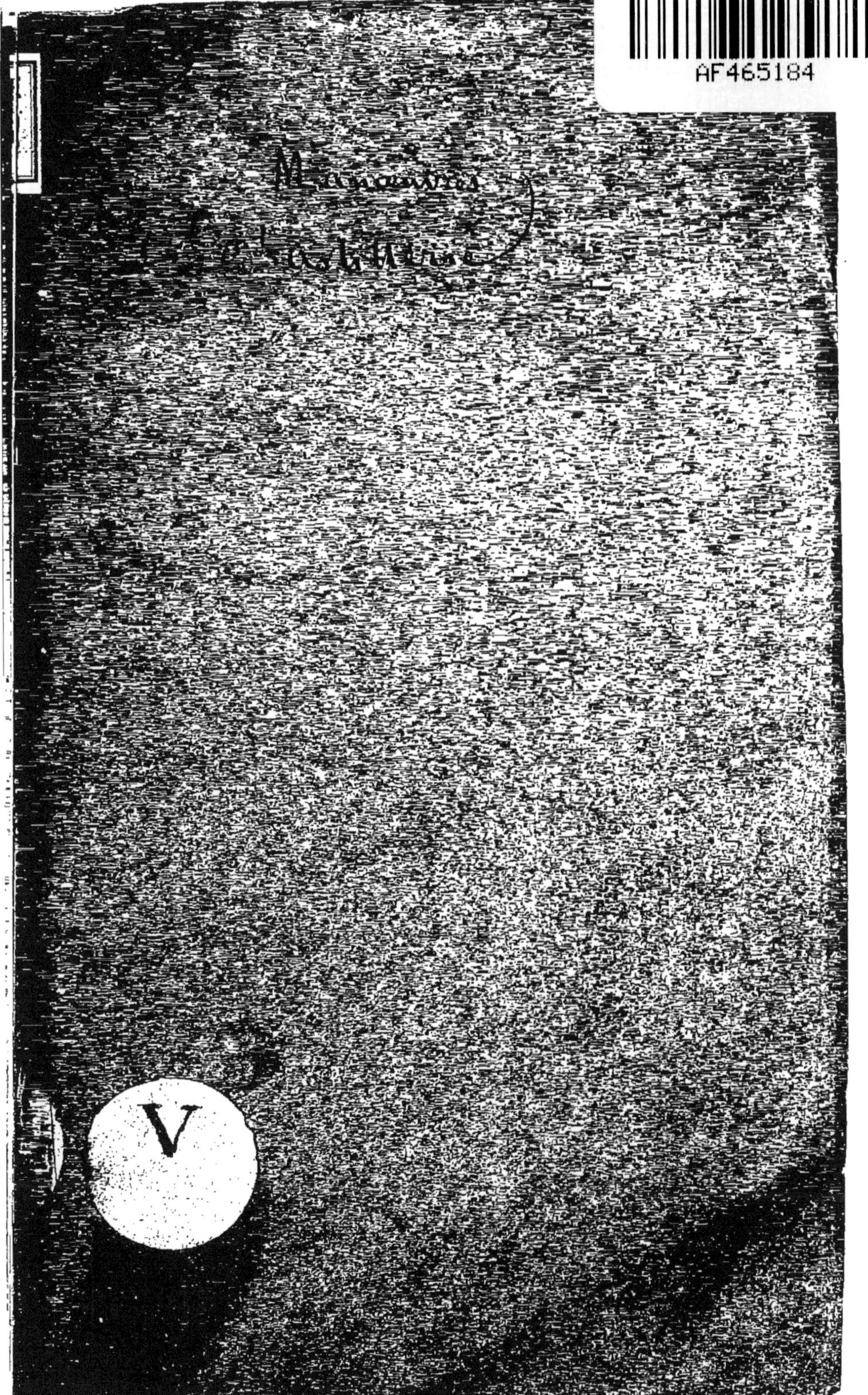

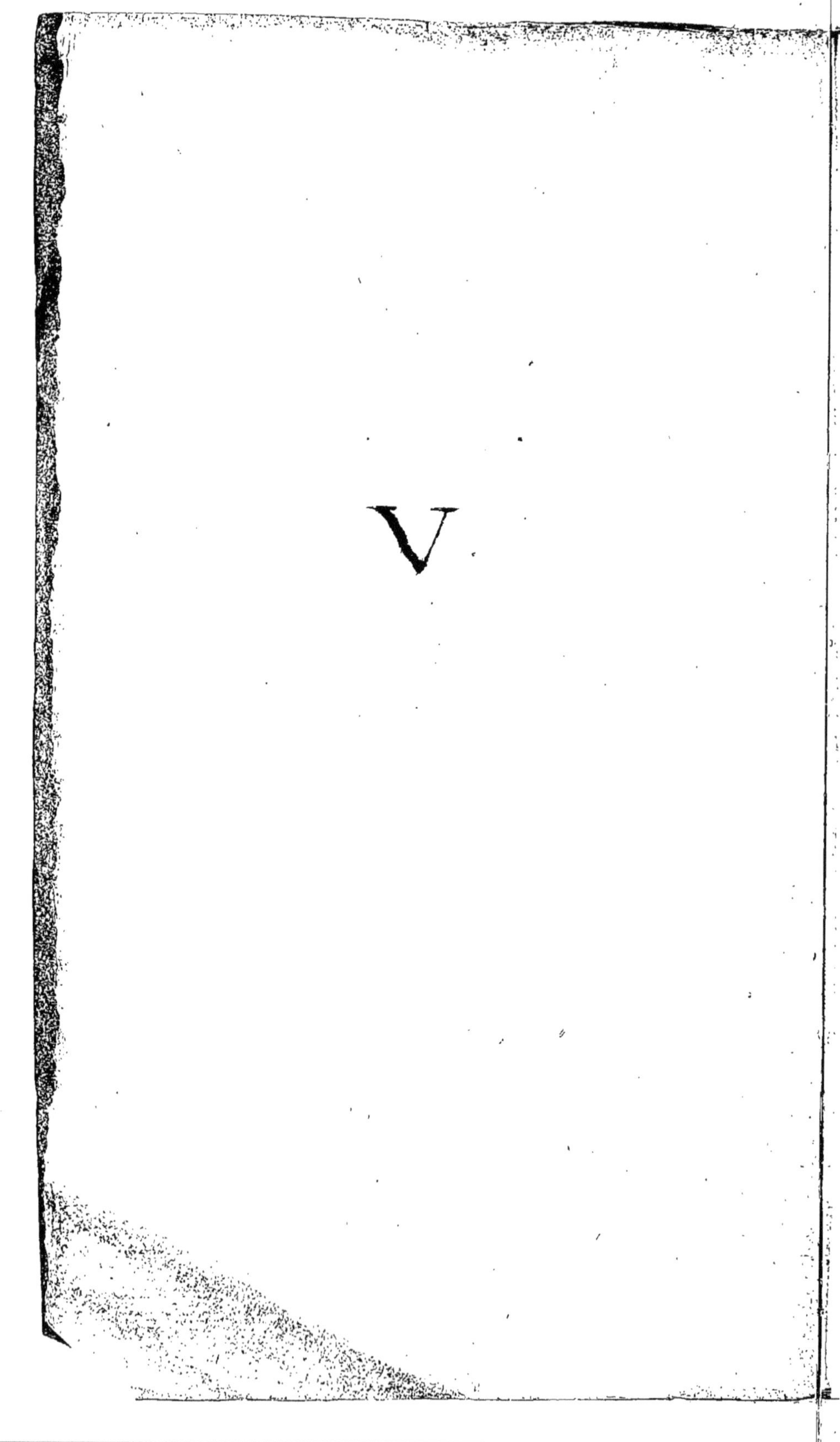

MANŒUVRES D'ARTILLERIE.

IMPRIMERIE DE DÉMONVILLE,
rue Christine, n° 2.

MANOEUVRES D'ARTILLERIE.

TITRES II ET III,

ÉCOLE DE BATTERIE ET ÉVOLUTIONS DE BATTERIES.

PARIS,
ANSELIN, SUCCESSEUR DE MAGIMEL,
LIBRAIRE POUR L'ART MILITAIRE, RUE DAUPHINE, N° 9.

1829.

AVERTISSEMENT.

La présente Instruction sur le Service des Bouches à feu et les Manœuvres de Batterie, rédigée par une Commission d'Officiers, n'a été imprimée qu'à l'usage de l'Artillerie de la Garde, en attendant celle qu'il sera prescrit de suivre dans les Corps; les rédactions écrites étant difficiles à apprendre, et sujettes à beaucoup d'inexactitudes.

MANOEUVRES D'ARTILLERIE.

TITRE II.

ÉCOLE DE BATTERIE.

NOTIONS PRÉLIMINAIRES ET PRINCIPES GÉNÉRAUX.

Une batterie d'artillerie de campagne, composée de six bouches à feu et de six caissons, sera servie et attelée par des canonniers servans et des canonniers conducteurs.

Les canonniers servans peuvent être à pied ou à cheval.

Le reste de l'approvisionnement de la batterie formera une réserve, sous la conduite d'un officier ou d'un sous-officier.

Que la batterie soit en bataille ou en faisant feu, sa droite sera constamment celle de l'homme placé devant le front de la batterie, et lui tournant le dos; mais dans les mouvemens, les commandemens *à droite* ou *à gauche* seront relatifs à la droite ou à la gauche des canonniers conducteurs.

La batterie sera divisée en trois sections, chacune de deux pièces et de deux caissons, qui seront dénommées section de droite, section du centre et section de gauche (1).

On la divisera aussi en deux demi-batteries, dénommées demi-batterie de droite et demi-batterie de gauche.

La dénomination donnée aux sections et aux demi-batteries, n'aura jamais rapport qu'à leur position du moment; les manœuvres adoptant exclusivement les formations les plus simples et les plus promptes, sans tenir aucun compte des inversions.

Un capitaine en premier commandera la batterie.

Trois officiers, ou à leur défaut les sous-officiers les plus anciens, commanderont les sections; le plus ancien, celle de droite, le suivant, celle de gauche, et le moins ancien, celle du centre.

Les demi-batteries seront commandées par les chefs de section des ailes; le chef de la section du centre marchera avec la demi-batterie qui aura la droite.

Un sous-officier, ou brigadier, sera attaché

---

(1) Dans le cas d'une batterie de 8 bouches à feu, on numéroterait les sections de la droite à la gauche, et ces sections de 2 pièces conserveraient constamment leurs numéros. Dans chaque section, les pièces seraient dites de droite et de gauche, suivant leur position.

à chaque pièce ; il en sera le chef et la dirigera dans tous ses mouvemens.

Un artificier sera attaché à chaque caisson.

Un officier ou sous-officier commandera les six caissons, et un sous-officier ou brigadier sera attaché à chaque section de caissons, pour en diriger les mouvemens.

Toutes les fois qu'une voiture devra en dépasser une autre, elle la laissera à sa gauche en la doublant ; et quand elle devra exécuter un demi-tour, elle le fera par la gauche.

Les alignemens se prendront sur les canonniers qui conduisent les chevaux de derrière, lorsque les deux trains seront réunis, et en outre sur les roues de pièces, lorsque les trains seront séparés.

Quand le guide ne sera pas indiqué, il sera toujours pris à gauche (du côté des porteurs).

Toutes les fois qu'une batterie d'artillerie à pied sera dans le cas de prendre le trot, on fera monter les canonniers sur les coffres, à un signal de trompette, ou au commandement, *canonniers = montez*, fait par le capitaine.

Dans toutes les formations en batterie, les canonniers, dans l'artillerie à pied, sautent à terre sans commandement, quand la pièce et le caisson s'arrêtent, et se portent à leurs postes au pas de course, pour séparer les deux trains.

Dans l'artillerie à cheval, les canonniers mettent pied à terre dès que le peloton est arrêté, et se portent également au pas de course à leurs postes, pour séparer les deux trains.

Pour faire cesser le feu, en gardant les servans à leurs postes, le capitaine fait sonner un demi-appel, ou commande *cessez le feu.*

Lorsque le commandant de la batterie a fait cesser le feu, pour faire remettre l'avant-train, il commande suivant que la batterie devra faire un mouvement en avançant ou en retraite, *avant-trains en avant ou avant-trains en arrière, marche.*

Ces commandemens étant faits généralement pour prendre l'ordre en bataille ou celui en retraite en bataille, les caissons doivent serrer sur les pièces, ou les pièces sur les caissons.

Lorsque l'artillerie à pied aura à exécuter des mouvemens au trot (ce qui ne devra avoir lieu que quand les canonniers seront montés), le commandement en sera fait par le capitaine, et répété, s'il y a lieu, par les chefs de section ou de demi-batterie, et par le commandant des caissons, à la suite de leurs commandemens particuliers. Les demi-tours pour mettre en batterie se feront toujours avec les chevaux; il n'y a d'exception que pour le cas où étant en batterie, on voudrait exécuter le feu en arrière ou quitter sa position pour se porter en avant.

On distingue deux espèces de conversions, la conversion de *pied ferme* et la conversion *en marchant.* Dans l'une et dans l'autre, les intervalles se conservent du côté du pivot, et l'alignement du côté de l'aile marchante. Dans les conversions de *pied ferme*, le pivot tourne sur lui-même, autant que possible, et l'aile marchante fait sa conversion à l'allure ordinaire ou à celle indiquée par le commandement.

Dans les conversions *en marchant* avec l'artillerie à pied non montée, le pivot tourne en démasquant le point de conversion et en diminuant l'allure, et l'aile marchante augmente la sienne; avec l'artillerie à cheval et l'artillerie à pied montée, le pivot tourne à l'allure ordinaire, ou à celle indiquée par le commandement, et l'aile marchante double la sienne.

Soit en bataille, soit en colonne, la batterie est dite dans *l'ordre en avant*, lorsque les pièces précèdent les caissons, et dans *l'ordre en retraite*, lorsque ces caissons précèdent leurs pièces. Les distances et les intervalles sont les mêmes dans les deux cas, et les pelotons de canonniers, dans l'artillerie à cheval, suivent également leurs pièces. Les chefs de section et le capitaine se portent aux caissons, quand on est en retraite.

En colonne, que l'on soit de pied ferme ou en marche, la formation en bataille s'exécute de la même manière et aux mêmes commandemens.

En bataille, la mise en batterie diffère suivant qu'on est de pied ferme ou en marche. Dans le premier cas, on commande : *en batterie*, et dans le deuxième : *en avant en batterie*. En colonne, on met toujours en batterie pour faire feu en avant au commandement *en avant en batterie*, du chef de section ou de demi-batterie.

FORMATION DE LA BATTERIE

EN BATAILLE, EN BATTERIE, EN COLONNE ET EN PARADE.

Les pièces auront entre elles, d'axe en axe, un intervalle d'une longueur de pièce (1).

Ordre de bataille.

Lorsque les caissons manœuvreront avec les pièces, ils seront en ligne derrière elles, leurs chevaux tournés du même côté ; la distance entre les deux lignes sera d'environ une longueur de pièce (mesure prise de la tête des chevaux des caissons, à la volée des pièces).

Le capitaine se place au centre, à quatre pas en avant des premiers chevaux.

Les chefs de section, entre les deux pièces de leur section, à deux pas en avant des premiers chevaux.

Les chefs de pièce, à côté et à la gauche des premiers chevaux de leur pièce.

Les canonniers à pied, en file à droite et à gauche de leur pièce, aux postes fixés par l'instruction sur le service des bouches à feu.

(1) Le pas sera toujours compté d'un mètre, comme dans la cavalerie, et l'intervalle qui séparera deux pièces, dans toutes les formations, sera de treize pas, longueur de la pièce, sans tenir compte de l'augmentation ni de la diminution des attelages.

Les canonniers à cheval en peloton, à deux pas en arrière de la volée de leur pièce, et lui faisant face.

Le chef des caissons, au centre de la ligne des caissons, à quatre pas en avant des premiers chevaux.

Les sous-officiers ou brigadiers attachés aux sections de caissons, au milieu des intervalles, à hauteur des premiers chevaux.

Les trompettes, à quatre pas sur la droite et à hauteur des premiers chevaux des pièces.

Ordre en batterie.

En batterie, les caissons sont en ligne derrière les pièces, les chevaux tournés du même côté, c'est-à-dire face à l'ennemi.

L'intervalle entre les pièces sera le même que dans l'ordre de bataille, et la distance du derrière du coffre de l'avant-train aux premiers chevaux des caissons, sera de deux longueurs (1).

La distance des premiers chevaux des avant-trains aux pièces, sera d'une demi-longueur, (mesure prise de la tête des premiers chevaux au bout du levier de pointage).

Le capitaine se tiendra où il le jugera le plus convenable pour être bien entendu ou pour observer le feu, mais ordinairement au centre de la batterie, à quatre pas du coffre d'avant-train, face à l'ennemi.

(1) On adopte pour la manœuvre cette distance, qui sera le *minimum* de celle à prendre devant l'ennemi.

Les chefs de section, au centre de leur section, à hauteur des premiers chevaux d'avant-train.

Les chefs de pièce, vis-à-vis leur pièce, au milieu de la distance qui sépare les chevaux de l'avant-train du levier de pointage, de manière à ne pas se trouver sur la direction du recul (1).

Les canonniers à pied et à cheval, aux postes assignés par l'Instruction sur le service des bouches à feu; les chevaux des canonniers à cheval, à deux pas du coffre d'avant-train, et tournés du même côté que ceux de l'attelage.

Le chef des caissons, au centre de la ligne, à quatre pas en avant des premiers chevaux.

Les sous-officiers ou brigadiers attachés aux sections de caissons, au milieu de leurs intervalles, à deux pas des premiers chevaux.

Les trompettes à quatre pas sur le flanc, à hauteur des coffres d'avant-train.

Ordre en colonne.

Colonne par pièce.

Chaque caisson suivra sa pièce; les premiers chevaux à un pas de la volée de la pièce dans l'artillerie à pied, et à un pas du peloton de canonniers dans l'artillerie à cheval.

Il y aura de même un pas de distance entre le caisson et la pièce qui le suit.

---

(1) A cet effet, ils se tiendront un peu à droite, ou un peu à gauche, suivant les circonstances du tir, mais ordinairement à gauche dans les manœuvres.

Quand on manœuvrera sans caissons, les premiers chevaux de chaque pièce marcheront, dans l'artillerie à pied, à un pas de la volée, et dans l'artillerie à cheval, à un pas des canonniers de la pièce qui précède.

Le capitaine se tiendra où il le jugera le plus convenable, mais ordinairement à hauteur du centre du côté des porteurs, quatre pas en dehors.

Le chef des caissons, à même hauteur du côté opposé.

Les chefs de section, à hauteur du centre de leur section du côté des porteurs, deux pas en dehors, à l'exception du chef de la section de la tête qui marchera deux pas en avant de la colonne.

Les chefs de pièce à côté et à gauche des premiers chevaux de leur pièce.

Les sous-officiers ou brigadiers attachés aux sections des caissons à hauteur du centre des sections du côté opposé.

Les canonniers à pied à droite et à gauche des pièces.

Les canonniers à cheval en peloton à un pas en arrière de la volée de leur pièce.

La colonne de route sera la colonne par pièce, avec cette seule différence que, dans l'artillerie à cheval, les canonniers marcheront par deux, derrière la volée de leur pièce, ou sur le côté de la route, selon les circonstances et les localités.

Colonne par section.

Les deux pièces de chaque section à la même

hauteur, et conservant entre elles une longueur de pièce.

Chaque caisson derrière sa pièce, à un pas de la volée dans l'artillerie à pied, et à un pas du peloton de canonniers dans l'artillerie à cheval.

Il y aura entre chaque caisson et la pièce qui le suit, un pas de distance dans les deux artilleries (1).

Quand on manœuvrera sans caissons, on conservera entre la volée d'une pièce et les premiers chevaux de celle qui la suivra, environ une longueur.

Le capitaine se tiendra où il le jugera le plus convenable pour être bien entendu et bien voir l'exécution des mouvemens; mais ordinairement à hauteur du centre de la colonne du côté du guide, à quatre pas en dehors.

Le chef des caissons à même hauteur et à même distance du côté opposé.

Les chefs de section entre les deux pièces de leur section, à hauteur des premiers chevaux.

Les sous-officiers et brigadiers des caissons de la même manière, par rapport à ces caissons (2).

Chaque chef de pièce à côté du canonnier qui conduit les premiers chevaux.

---

(1) Ces distances supposent que les caissons sont attelés, comme les pièces, à six chevaux ; s'il en était autrement, elles seraient augmentées ou diminuées de manière à retrouver les intervalles prescrits en se remettant en bataille, ce qu'il serait trop compliqué d'indiquer en chiffres.

(2) Dans l'ordre en retraite, ils se tiennent derrière les chefs de section.

Les canonniers à pied à droite et à gauche des pièces.

Les canonniers à cheval en peloton à un pas derrière la volée de leur pièce.

Les trompettes à quatre pas en avant de la tête de la colonne.

Nota. La colonne par section est la colonne de *manœuvre* proprement dite.

Colonne par demi-batterie.

La colonne par demi-batterie sera formée d'une manière semblable à la colonne par section, seulement la distance entre les deux demi-batteries sera d'environ une longueur et demie.

Si l'on manœuvre sans caissons, la distance entre les deux lignes sera d'un peu plus de deux longueurs.

Les chefs de demi-batterie seront au centre de leur demi-batterie, à deux pas en avant des premiers chevaux ; le chef de la section du centre à même hauteur entre la pièce de la section qui marche en tête et la pièce voisine.

Les sous-officiers et brigadiers des caissons, à hauteur des premiers chevaux de leur ligne.

Nota. La colonne par demi-batterie pourra servir pour les manœuvres ; mais sera plus habituellement employée pour défiler.

Revues et Parades.

La batterie sera en bataille, la ligne des caissons à deux longueurs de celle des pièces.

Le capitaine et tous les chefs, à leurs places de bataille.

Les canonniers à pied et à cheval formés en peloton, à une longueur en arrière de la volée des pièces.

Si la personne qui passe la revue venait à traverser la batterie entre la ligne des pièces et celle des canonniers, le capitaine et les chefs de section feraient demi-tour et se placeraient à hauteur de la bouche des pièces, faisant face aux canonniers.

Les trompettes, à quatre pas sur la droite, à hauteur des canonniers.

Pour défiler.

On défile par batterie, par demi-batterie et par section, les canonniers formés en peloton, à deux pas de la bouche des pièces, et le pointeur du côté du guide.

Par batterie, on défile dans l'ordre en bataille.

Par demi-batterie et par section, on défile en colonne, les caissons à deux pas des pelotons de canonniers, et les subdivisions gardent entre elles une demi-longueur de la tête des premiers chevaux des pièces au derrière des caissons.

Si on défile sans caissons, on conservera cette même distance d'une demi-longueur entre les premiers chevaux des pièces et le derrière des pelotons.

En colonne, le capitaine marchera à quatre pas en avant des premiers chevaux, le commandant des caissons près du chef des caissons de la subdivision de la tête, du côté du guide, les autres chefs à leurs places de colonne.

Les trompettes à quatre pas en avant du capitaine.

RÈGLES POUR LES COMMANDEMENS.

Le commandement d'avertissement *garde à vous*, fait par le capitaine, et qui doit précéder tous les autres, n'est répété par personne.

Les chefs de section font les commandemens particuliers à leur section ; ils répètent en outre les commandemens généraux d'exécution, quand la batterie est en colonne.

Le commandant des caissons fait les commandemens généraux, et fait ou répète ceux d'exécution relatifs aux caissons.

PREMIÈRE PARTIE.

Colonne par pièce.

ARTICLE PREMIER.

Différentes manières de passer de l'ordre en bataille de pied ferme, à l'ordre en colonne par pièce (1).

1° En avant.
2° A droite (*ou* à gauche).
3° Par la droite pour marcher vers la gauche, et réciproquement.
4° En retraite.

§. Ier.

1 *Rompre par pièce en avant en colonne.*

Le capitaine commande :

1. *Garde à vous.*
2. *Par la pièce de droite* (ou *de gauche*) *en avant en colonne.*
3. Marche.

(1) Toutes les fois qu'il n'est pas fait mention dans les notes du cas particulier de la manœuvre sans caissons, c'est que le détail donné dans le texte y est également applicable, en y supprimant tout ce qui a rapport à ces voitures.

Toutes les fois qu'il n'est pas fait mention des pelotons de canonniers à cheval, c'est que ces pelotons n'ont qu'à suivre les mouvemens de leurs pièces respectives.

Au deuxième commandement, le chef des caissons commande :

Caissons au trot = MARCHE (1).

et les caissons serrent sur les pièces, à leur distance de colonne.

A ce même deuxième commandement, le chef de la section de droite commande :

Pièce de droite en avant.

Au commandement *marche*, répété par ce chef, la pièce de droite, suivie de son caisson, se porte en avant; chacune des pièces de la gauche, suivie également de son caisson, rompt successivement au commandement de son chef de section.

Pièce de gauche (ou de droite) oblique à gauche.

fait lorsque les roues de devant de la voiture qui doit la précéder dans la colonne, arrivent à hauteur de ses premiers chevaux.

Toutes entrent ainsi dans la file, en obliquant le plus possible.

§. II.

2 *Rompre par pièce à droite ou à gauche en colonne.*

Le capitaine commande :

1. *Garde à vous.*
2. *Par pièce à droite (ou à gauche) en colonne.*
3. MARCHE.

---

(1) Toutes les fois qu'on passe de l'ordre en bataille à un ordre en colonne, les caissons serrent à ce même commandement de leur chef, fait dès le commandement préparatoire du capitaine.

Au deuxième commandement, les caissons serrent sur les pièces.

Les chefs de section commandent :

Par pièce à droite.

Au commandement *marche,* répété par ces mêmes chefs, toutes les pièces commencent leur *à-droite* simultanément, et suivies de leurs caissons entrent dans la colonne (*a*).

(*a*) Lorsqu'on manœuvre sans caissons.

ARTILLERIE A PIED.	ARTILLERIE A CHEVAL.
Toutes les pièces entrent à peu près en même temps dans la colonne.	Les pièces, suivies de leurs pelotons de canonniers, entrent successivement dans la colonne.

§. III.

3 *Rompre par pièce par la droite pour marcher vers la gauche, et réciproquement.*

Le capitaine commande :

1. *Garde à vous.*
2. *Pièces rompez par la droite* (ou *par la gauche*) *pour marcher vers la gauche* (ou *vers la droite*).
3. MARCHE.

Au deuxième commandement, les caissons serrent sur les pièces, le chef de la section de droite commande :

Pièce de droite en avant.

Au commandement *marche,* répété par ce même chef, la pièce de droite, suivie de son caisson, se porte en avant d'environ une longueur de pièce, tourne à gauche au commandement de son chef, et se prolonge dans la nouvelle direction.

La pièce qui doit suivre rompt de la même manière, au commandement : *Pièce de gauche, en avant* = MARCHE, fait par son chef de section, et ainsi de suite.

ARTILLERIE A PIED.	ARTILLERIE A CHEVAL.
Le mouvement de chaque pièce commence lorsque la tête des premiers chevaux de la dernière voiture qui a tourné est près d'arriver à sa hauteur (b).	Le mouvement de chaque pièce commence lorsque les canonniers du deuxième rang de la dernière pièce qui a tourné, arrivent à sa hauteur (b).

(b) Lorsqu'on manœuvrera sans caissons.

Comme dans le premier détail.	Le mouvement de chaque pièce commence lorsque les chevaux de derrière de la pièce qui doit la précéder, arrivent de la même manière à sa hauteur.

§. IV.

4 *Rompre par pièce en retraite en colonne.*

Le capitaine voulant faire exécuter ce mouvement, fait préalablement disposer la batterie dans l'ordre *en retraite en bataille* par les commandemens :

1. *Garde à vous.*
2. *Par pièce et par caisson, demi-tour à gauche.*
3. MARCHE.

Au commandement *marche*, répété par les chefs de section, le demi-tour s'exécute, et lorsqu'il est près d'être terminé, le capitaine commande : *halte.*

5 Voulant alors faire rompre en retraite, le capitaine commande:

1. *Par la pièce de droite* (ou *de gauche*), *en retraite en colonne.*

2. MARCHE.

Au deuxième commandement, les chefs de section commandent :

Pièces au trot = MARCHE (1).

et de suite, celui de la section de droite ajoute :

Caisson de droite en retraite.

Les pièces serrent sur les caissons.

Au commandement *marche*, répété par le chef de la section de droite, le caisson de droite, suivi de sa pièce, se porte en retraite; et les autres caissons, suivis également de leurs pièces, entrent successivement dans la colonne, par des commandemens et mouvemens analogues à ceux de la même formation dans l'ordre en avant (*c*).

(*c*) Lorsqu'on manœuvre sans caissons, il n'y a plus lieu à considérer les formations en retraite.

Nota. Dans le cas où la batterie serait parquée, on ferait rompre successivement les pièces et les caissons par des demi-tours à gauche.

(1) Toutes les fois qu'on passe de l'ordre en retraite en bataille à un ordre en colonne, ce mouvement des pièces a lieu aux mêmes commandemens faits après le demi-tour.

ARTICLE II.

6 Marcher en colonne, changer de direction et arrêter la colonne.

§. Ier.

Marche en colonne.

Le capitaine commande :

1. *Garde à vous.*
2. *Colonne en avant.*
3. MARCHE.

§. II.

7 *Changer de direction.*

Le capitaine commande :

Tête de colonne à droite (ou *à gauche*).

La voiture de la tête tourne à droite (ou à gauche), sans autre commandement, et toutes les autres voitures de la même colonne tournent de même successivement, à la même place que celle de la tête.

§. III.

8 *Arrêter la colonne.*

Le capitaine commande :

1. *Garde à vous.*
2. *Colonne.*
3. HALTE.

ARTICLE III.

9 Etant en colonne par pièce et en marche, former la batterie en bataille.

1° En avant.
2° A gauche (ou à droite).
3° Sur la gauche (ou sur la droite).
4° Face en arrière.

§. Ier.

10 *Former la batterie en avant en bataille.*

Le capitaine commande:

1. *Garde à vous.*
2. *En avant en bataille (oblique à gauche ou à droite).*
3. MARCHE.

Au deuxième commandement, le chef de la section de droite commande :

En avant en bataille = OBLIQUE A GAUCHE.

et les autres chefs de section :

En ligne, oblique à gauche.

Au commandement *marche*, répété par ces mêmes chefs, la pièce de la tête se porte en avant d'environ deux longueurs, et est établie sur la ligne de bataille par son chef de section.

Toutes les autres pièces obliquent à gauche, sont redressées par leur chef respectif lorsqu'elles ont gagné leur intervalle, et sont ensuite arrêtées par ces mêmes chefs à deux pas de la ligne de bataille, où elles sont alignées par leur chef de section (1).

---

(1) *Règle générale.* Dans toutes les formations en bataille, les pelotons de canonniers, dans l'artillerie à cheval, suivent

Le caisson de la tête s'arrête à sa distance de bataille, et tous les autres suivant d'abord le mouvement de leurs pièces respectives, viennent successivement s'établir à sa hauteur.

§. II.

11 *Former la batterie à gauche ou à droite en bataille.*

Le capitaine commande :

1. *Garde à vous.*
2. *A gauche* (ou *à droite*) *en bataille.*
3. MARCHE.

Au deuxième commandement, le chef de la section de la tête commande :

A gauche en bataille.

Au commandement *marche*, répété par ce même chef, la pièce de la tête exécute un à-gauche, marche ensuite environ trois longueurs de pièce, et est établie sur la ligne de bataille par son chef de section.

Toutes les autres pièces marchent droit devant elles, font successivement à gauche, lorsqu'elles sont parvenues à la hauteur du point qu'elles doivent occuper sur la ligne de bataille; elles sont arrêtées par leurs chefs respectifs, à deux pas de cette ligne, et alignées ensuite par leurs chefs de section.

Chaque caisson continuant d'abord à marcher droit devant lui, tourne ensuite à gauche, au même point que sa pièce, et est arrêté à sa distance de bataille.

Quand on manœuvre sans caissons, les pièces, après avoir tourné, marchent seulement une longueur de pièce, et sont établies sur la ligne de bataille.

---

les mouvemens de leurs pièces respectives, s'arrêtent à leur distance de bataille, et s'alignent sur les premiers établis.

§. III.

12 *Former la batterie sur la gauche (ou sur la droite) en bataille.*

Le capitaine commande :

1. *Garde à vous.*
2. *Sur la gauche* (ou *sur la droite*) *en bataille.*
3. MARCHE.

Au deuxième commandement, le chef de la section de la tête commande :

Sur la gauche en bataille.

Au commandement *marche*, répété par le même chef, la pièce de la tête tourne à gauche, marche ensuite trois longueurs de pièce, et est établie sur la ligne de bataille par son chef de section.

Toutes les autres pièces marchent droit devant elles, font successivement à gauche; lorsqu'après avoir dépassé celle qui vient de tourner, elles sont parvenues à hauteur du point qu'elles doivent occuper sur la ligne de bataille, elles sont arrêtées par leurs chefs respectifs, à deux pas de cette ligne, et alignées ensuite par leurs chefs de section.

Chaque caisson continuant d'abord à suivre sa pièce, tourne à gauche au même point qu'elle, est ensuite arrêté à sa distance de bataille (e).

(e) Quand on manœuvre sans caissons, les pièces, après avoir tourné, marchent seulement environ une longueur de pièce, et sont établies sur la ligne de bataille.

§. IV.

13 *Former la batterie face en arrière en bataille.*

Le capitaine commande :

1. *Garde à vous.*

2. *Face en arrière en bataille; oblique à droite* (ou *à gauche*).

3. MARCHE.

Au deuxième commandement, le chef de la section de la tête commande :

Face en arrière en bataille; oblique à droite.

et les autres chefs de section :

En ligne oblique à droite.

Au commandement *marche*, répété par ces mêmes chefs, la pièce de la tête se porte en avant d'environ une longueur de pièce, fait ensuite un demi-tour, et est établie par son chef de section.

Toutes les autres obliquent à droite, et suivies de leurs caissons, se portent successivement, par le chemin le plus court, au point qu'elles doivent occuper sur la ligne de bataille, où elles s'établissent, comme la pièce de la tête, par un demi-tour, et s'alignent ensuite à droite, aux commandemens de leurs chefs de section.

Les caissons doublent leurs pièces, au moment où elles arrivent sur la ligne, et vont successivement s'établir, par un demi-tour, à leurs places de bataille.

Nota. Lorsqu'on se sert de ces manœuvres pour parquer, ce qui est leur emploi le plus ordinaire, le capitaine fait précéder son commandement préparatoire de l'avertissement :

Pour parquer (*à tant de pas*).

DEUXIEME PARTIE.

Colonne par section.

ARTICLE PREMIER.

Différentes manières de passer de l'ordre en bataille de pied ferme, à l'ordre en colonne par section et par demi-batterie.

1° En avant.
2° A droite (*ou* à gauche).
3° Par la droite pour marcher vers la gauche, et réciproquement.
4° En retraite.

§. Ier.

14 ***Rompre par section en avant en colonne, par une des ailes.***

Le capitaine commande :

1. *Garde à vous.*
2. *Par la section de droite* (ou *de gauche*), *en avant en colonne* (1).
3. MARCHE.

---

(1) ***Règle générale.*** Toutes les fois que l'on rompra par la droite ou par le centre, le guide sera à gauche, et à droite lorsque l'on rompra par la gauche.

Au deuxième commandement, les caissons serrent sur les pièces. Le chef de section de droite commande :

Section en avant, guide à gauche.

Au commandement *marche*, répété par ce chef, la section se porte en avant, et marche dans la direction indiquée.

Lorsque les premiers chevaux des caissons sont arrivés à hauteur de ceux des pièces de la section du centre, le chef de celle-ci commande :

Section oblique à droite = MARCHE.

Cette section se porte ainsi obliquement derrière la précédente, et se range dans la colonne aux commandemens de son chef.

En avant, guide à gauche.

La section de gauche rompt de la même manière (*f*).

(*f*) Lorsqu'on manœuvre sans caissons, chaque section rompt successivement, lorsque la volée des pièces de la section qui la précède dans le mouvement, arrive à hauteur de ses premiers chevaux.

§. II.

15 *Rompre par section à droite ou à gauche en colonne.*

Le capitaine commande :

1. *Garde à vous.*
2. *Par section à droite* (ou *à gauche*), *en colonne.*
3. MARCHE.

Au deuxième commandement, les caissons serrent sur les pièces.

Les chefs de section commandent :

Section à droite.

Au commandement *marche*, répété par les mêmes chefs, les pièces de chaque section font une conversion à droite de pied ferme (Voy. *Notions préliminaires*), et se portent en avant au commandement du capitaine :

En avant, guide à gauche,

répété par les chefs de section.

Les caissons conversent au même point que leurs pièces, et se rangent dans la colonne.

§. III.

16 *Rompre en colonne par une section des ailes pour marcher vers l'aile opposée.*

Le capitaine commande :

1. *Garde à vous.*
2. *Sections, rompez par la droite* (ou *par la gauche*), *pour marcher vers la gauche* (ou *la droite*).

Au deuxième commandement, les caissons serrent sur les pièces.

Le chef de la section de droite commande :

Section en avant, guide à gauche.

Au commandement *marche*, répété par le même chef, la section de la droite se porte environ une longueur de pièce en avant, tourne à gauche au commandement de son chef :

Tournez à gauche.

Se redresse au commandement du même chef,

En avant.

et marche ensuite dans une direction parallèle à la ligne de bataille.

Les caissons tournent à la même place que leurs pièces (*g*).

(*g*) Manœuvre sans caissons.

ARTILLERIE A PIED.	ARTILLERIE A CHEVAL.
Comme dans le texte.	Lorsqu'après avoir tourné, les hommes du premier rang

ARTILLERIE A PIED.

Lorsqu'après avoir tourné, la volée des pièces de la section de la tête est arrivée à hauteur de la pièce de gauche de la section du centre, celle-ci rompt à son tour et entre dans la colonne de la même manière et aux mêmes commandemens de son chef.

ARTILLERIE A CHEVAL.

Lorsqu'après avoir tourné, les hommes du deuxième rang des pelotons de la section de la tête arrivent à hauteur de la pièce de la gauche de la section du centre, celle-ci rompt à son tour et entre dans la colonne de la même manière et aux mêmes commandemens de son chef.

La section de gauche rompt de la même manière, par rapport à la section du centre.

§ IV.

17 *Rompre par section en retraite en colonne.*

Le capitaine voulant faire exécuter ce mouvement, fait préalablement disposer la batterie en retraite en bataille (comme au n° 4).

Le demi-tour exécuté, il commande :

1. *Garde à vous.*
2. *Par la section de droite* (ou *de gauche*) *en retraite en colonne.*
3. MARCHE.

ARTILLERIE A PIED.

ARTILLERIE A CHEVAL.

des pelotons de la section de la tête, arrivent à hauteur de la pièce de gauche de la section du centre, celle-ci rompt à son tour et entre dans la colonne de la même manière et aux mêmes commandemens de son chef.

Au deuxième commandement, les chefs de section commandent :

Pièces au trot = MARCHE.

Et de suite, celui de la section de droite ajoute :

Section en retraite, guide à gauche.

Les pièces serrent sur les caissons.

Au commandement *marche*, du capitaine, répété par le chef de la section de droite, les caissons de cette section, suivis de leurs pièces, entrent successivement dans la colonne, par des commandemens et mouvemens analogues à ceux de la même formation dans l'ordre en avant (n° 14).

18 *Nota*. On romprait en colonne par demi-batterie par des commandemens et moyens entièrement semblables à ceux indiqués dans les n°s 9, 10, 11 et 12, dans le détail desquels il suffit de remplacer le mot *section* par celui *demi-batterie*.

ARTICLE II.

19 *Etant en bataille de pied ferme, rompre en colonne par la section du centre.*

Le capitaine commande :

1. *Garde à vous.*
2. *Par la section du centre en avant en colonne.*
3. MARCHE.

Au deuxième commandement, les caissons serrent sur les pièces, le chef de la section du centre commande :

Section en avant, guide à gauche.

Le chef de la section de droite :

Par pièce, à gauche en colonne.

Le chef de la section de gauche :

Par pièce, à droite en colonne.

Au commandement *marche*, répété par les mêmes chefs, la section du centre se porte en avant, les pièces des autres sections exécutent leur *à-gauche*, ou *à-droite*, en avançant, et les caissons viennent tourner à la même place que leurs pièces.

Lorsque la tête de chacune de ces colonnes de droite et de gauche se trouve à hauteur du derrière des caissons de la section du centre, le chef de la colonne de droite commande :

Tête de colonne à droite,

et celui de la colonne de gauche :

Tête de colonne à gauche.

Ces mouvemens exécutés, chacune de ces colonnes marche en file, à un pas de distance derrière le caisson correspondant de la section du centre (*h*).

(*h*) Quand on manœuvre sans caissons, chacune de ces colonnes de droite et de gauche marche en file derrière la pièce correspondante à la section du centre.

ARTILLERIE A PIED.	ARTILLERIE A CHEVAL.
A un pas de distance.	A un pas de distance.

ARTICLE III.

Marcher en colonne, changer de direction, arrêter la colonne, rompre ou former les sections.

§. Ier.

Marcher en colonne.

20 La batterie étant en colonne par section, ou par demi-batterie, ou par la section du centre, le capitaine commande :

1. *Garde à vous.*

2. *Colonne en avant, guide à gauche (ou à droite).*

3. MARCHE.

Au commandement *marche*, répété par les chefs de section (ou de demi-batterie), la colonne se met en mouvement, et est dirigée par le chef de la pièce de la tête du côté du guide.

§. II.

Changer de direction.

21 1° Colonne par section ou par demi-batterie. Le capitaine commande :

Tête de colonne à droite (ou à gauche).

Alors le chef de la subdivision de la tête commande :

Tournez à droite.

A la deuxième partie du commandement, la section (ou demi-batterie) exécute son à-droite d'après les principes de la conversion en marchant (*Notions préliminaires*).

La conversion étant au moment de s'achever, ce chef de section (ou de demi-batterie) commande :

En = AVANT.

et la section (ou demi-batterie) reprend la marche directe, les subdivisions de caissons tournent sans commandement, au même point que leurs subdivisions de pièces respectives, et les autres subdivisions, arrivées sur le terrain où celle de la tête a tourné, exécutent leur conversion de la même manière et aux mêmes commandemens de leurs chefs.

2° Colonne par la section du centre.

22 Les commandemens du capitaine et du chef de la section de la tête (celle du centre) sont les mêmes que dans le cas précédent, et le mouvement s'exécute de la même manière.

Chacune des colonnes de droite et de gauche

suit sans commandemens le mouvement de la voiture qui la précède.

§. III.

23 *Arrêter la colonne.*

Le capitaine commande :

1. *Garde à vous.*
2. *Colonne.*
3. HALTE.

Au commandement *halte*, répété par tous les chefs de section (ou demi-batterie), chaque subdivision s'arrête.

§. IV.

24 *Rompre les sections.*

La colonne étant en marche, le capitaine commande :

1. *Garde à vous.*
2. *Par la droite* (ou *par la gauche*) *rompez les sections* (1).
3. MARCHE.

Au deuxième commandement, le chef de la section de la tête commande :

Par la droite, rompez la section.

Au commandement *marche*, répété par ce chef, la pièce de droite de la section de la tête continue à marcher droit devant elle, mais en allongeant le pas, la pièce de gauche de la même section exécute un oblique à droite, pour entrer dans la colonne.

La section suivante étant arrivée sur le terrain où celle qui la précède a rompu, son chef la rompt de la même manière et par les mêmes commandemens.

Il en est de même pour la dernière section; dans ces mouvemens chaque caisson suit sa pièce.

On rompt les demi-batteries par des moyens et commandemens semblables.

25 *Observation.* Si on est en colonne par demi-batterie et qu'on soit forcé de se mettre en colonne par section (ce qu'on doit éviter autant que possible).

Le capitaine commande :

1. *Garde à vous.*
2. *Par section, rompez les demi-batteries.*
3. MARCHE.

Au deuxième commandement, le chef de la section de la tête commande :

Section en avant, guide à gauche.

Le chef de la section du centre :

Pièce de droite, oblique à droite (ou *à gauche*).
Pièce de gauche, oblique à gauche (ou *à droite*).

Et le chef de la dernière section :

Section, oblique à droite (ou *à gauche*).

Au commandement *marche*, répété par ces chefs, les pièces de la section du centre, obliquant chacune du côté qui leur est indiqué, viennent prendre leur place de section dans la colonne.

La dernière section oblique à droite (ou à gauche), et se redressant ensuite, se range derrière les deux autres (*i*).

(*i*) Dans *l'artillerie à cheval*, et dans *l'artillerie à pied montée*, lorsque le capitaine veut faire rompre les sections au trot, il ajoute à son commandement préparatoire : *au trot*, qui est répété successivement par les chefs de section, à la suite de leur commandement particulier ; alors la pièce, qui continue à marcher droit devant elle, prend le trot, au lieu d'allonger le pas.

§. V.

26 *Former les sections ou les demi-batteries.*

La colonne étant en marche par pièce, le capitaine commande :

1. *Garde à vous.*
2. *Formez les sections, oblique à gauche (ou à droite).*
3. MARCHE.

Au deuxième commandement, le chef de la section de la tête commande :

Formez la section, oblique à gauche.

ARTILLERIE A PIED NON MONTÉE.

Au commandement *marche*, répété par le chef de la section de la tête, la pièce de la tête continue à marcher droit devant elle, mais en diminuant l'allure, toutes les autres allongent le pas.

ARTILLERIE A CHEVAL ET ARTILLERIE A PIED MONTÉE.

Les autres chefs de section commandent au trot, au commandement *marche*, répété par les chefs de section, la pièce de la tête continue à marcher droit devant elle à la même allure, toutes les autres prennent le trot.

L'autre pièce de la section de la tête, conduite par son chef, se porte aussi à hauteur et à une longueur de pièce sur la gauche de la pièce de la tête. La pièce de la tête de la section suivante étant arrivée sur le terrain où la première section a été formée, son chef de section la fait former de la même manière, et ainsi de suite.

Les sections étant formées, le capitaine commande :

Guide à gauche (ou à droite).

ARTILLERIE A PIED NON MONTÉE.	ARTILLERIE A CHEVAL ET ARTILLERIE A PIED MONTÉE.
A ce commandement, on reprend l'allure ordinaire.	Lorsqu'une section est formée et se trouve à sa distance, son chef commande : *Au pas* = MARCHE.

Les caissons suivent le mouvement de leurs pièces respectives.

On forme les demi-batteries par des commandemens et moyens semblables.

27 *Observation.* Si, étant en colonne par section, on se trouve forcé de se mettre en colonne par demi-batterie (ce qu'on doit éviter autant que possible); au commandement du capitaine,

Formez les demi-batteries.

Le chef de la section du centre commande:

Pièce de droite = OBLIQUE A GAUCHE.

Pièce de gauche = OBLIQUE A DROITE.

Au commandement *marche* du capitaine, répété par ce chef de section, chacune de ces deux pièces obliquant du côté qui lui est indiqué, va prendre sa place dans la nouvelle colonne, celle de gauche à gauche de la section de la tête, et celle de gauche à la droite de la dernière section.

ARTICLE IV.

Etant en colonne par section ou par demi-batterie ou par la section du centre, former la batterie en bataille.

1° En avant.
2° A gauche (*ou* à droite).
3° Sur la gauche (*ou* sur la droite).
4° Face en arrière.

§. Ier.

Etant en colonne de manœuvre, former la batterie en bataille en avant (1).

28 PREMIER CAS. *Colonne par section.*

Le capitaine commande :

1. *Garde à vous.*
2. *En avant en bataille, oblique à gauche (ou à droite).*
3. MARCHE.

Au deuxième commandement, le chef de la section de la tête commande :

Section en avant, guide à droite.

Et les autres chefs de section :

Section, oblique à gauche.

Au commandement *marche*, répété par les mêmes chefs, la section de la tête marche environ deux longueurs de pièce, puis est arrêtée par son chef qui commande :

Section = HALTE.

Se porte ensuite à la droite de la section, et commande :

A droite, alignement.

Les autres sections obliquant à gauche, gagnent leurs intervalles, et sont successivement redressées par leurs chefs, qui commandent alors :

En avant, guide à droite.

---

(1) On n'indiquera pas si la colonne est en marche ou de pied ferme, parce qu'il a été établi dans les *Notions préliminaires* que, dans les deux cas, les formations en bataille (ou en batterie) s'exécutent de la même manière et aux mêmes commandemens.

Les premiers chevaux étant arrivés à deux pas de la ligne de bataille, leurs chefs de section commandent :

Section = HALTE.

Puis se portent du côté opposé à l'alignement (*k*) à hauteur des conducteurs des pièces déjà établies, et commandent :

A droite, alignement.

A ce commandement, les deux pièces de la section se portent sur la ligne, et sont alignées par leur chef de section.

Les caissons de la section de la tête sont arrêtés à leur distance de bataille, et les autres suivant d'abord le mouvement de leurs pièces respectives, viennent s'arrêter et s'aligner à hauteur de ceux déjà établis (*l*).

Le mouvement terminé, et les sections étant convenablement alignées, le capitaine commande *fixe*.

(k) *Règle générale.* Dans tous les alignemens, le chef de la section sur laquelle on s'aligne se porte du côté de l'alignement, et les autres du côté opposé, le mouvement terminé, et les sections étant convenablement alignés, le capitaine commande *fixe.* Le détail donné ici servira de règle pour tous les alignemens successifs.

(*l*) Si on manœuvre sans caissons, la section de la tête marche seulement environ une longueur de pièce.

29 DEUXIÈME CAS. *Colonne par la section du centre.*

Le capitaine commande :

1. *Garde à vous.*
2. *En avant en bataille.*
3. MARCHE.

Au deuxième commandement, le chef de la section du centre commande :

Section en avant.

Celui de la colonne de droite,

En ligne, oblique à droite.

Et celui de la colonne de gauche,

En ligne, oblique à gauche.

Au commandement *marche*, répété par ces mêmes chefs, la section du centre marche environ deux longueurs de pièce, puis est arrêtée et alignée sur la ligne de bataille, comme la section de la tête au n° 27.

Les pièces des autres sections obliquent du côté indiqué, prennent leurs intervalles, sont redressées, puis arrêtées à deux pas de la ligne par leurs chefs respectifs, et alignées ensuite par leurs chefs de section.

Les caissons de la section du centre sont arrêtés à leur distance de bataille, et les autres suivant d'abord leurs pièces respectives, sont établis à hauteur de ceux déjà établis (*m*).

(*m*) Quand on manœuvre sans caissons, la section du centre marche seulement environ une longueur de pièce.

§. II.

30 *Etant en colonne de manœuvre, former la batterie en bataille à gauche ou à droite.*

PREMIER CAS. *Colonne par section.*

Le capitaine commande :

1. *Garde à vous.*
2. *A gauche* (ou *à droite*) *en bataille.*
3. MARCHE.

Au deuxième commandement, les chefs de section commandent :

Section à gauche (1).

Au commandement *marche*, répété par les mêmes chefs, chaque section de pièces exécute à gauche une conversion *de pied ferme* (*Notions préliminaires*).

---

(1) Les chefs des deuxième et troisième sections doivent marcher avant de faire ce commandement, afin de gagner leurs intervalles.

Lorsqu'elle est près de s'achever, les chefs de section commandent :

En avant, guide à droite.

Les trois sections marchent trois longueurs de pièce perpendiculairement à la ligne de bataille; elles sont ensuite arrêtées et établies par leurs chefs, aux commandemens :

Section = HALTE.

A droite = ALIGNEMENT.

Chaque section de caissons oblique un peu à droite en augmentant l'allure, pour démasquer la section de pièces qui la suit; venir se placer à hauteur de la pièce du pivot, et converser ensuite sur le même terrain que sa section de pièces. Après la conversion, ces caissons sont établis à leurs distances de bataille (*n*).

(*n*) Quand on manœuvre sans caissons, chaque section de pièces marche seulement environ une longueur de pièce après avoir tourné.

31 DEUXIÈME CAS. *Colonne par la section du centre.*

Le capitaine commande :

1. *Garde à vous.*
2. *A gauche et sur la gauche* (ou *à droite et sur la droite*) *en bataille.*
3. MARCHE.

Au deuxièmec commandement, le chef de la section du centre commande :

Section à gauche.

Et les autres chefs de section,

Colonne en avant.

Au commandement *marche*, répété par ces mêmes chefs, la section du centre se forme en bataille (comme il a été dit au n° précédent).

Les autres sections marchent droit devant elles, lorsque la pièce de la tête de la colonne de gauche est arrivée à hauteur de sa place de bataille, son chef de section commande :

A gauche en bataille = MARCHE.

Et le mouvement s'exécute comme il a été dit pour la colonne par pièce (n° 11).

Lorsque la pièce de la tête de la colonne de droite est arrivée à hauteur de sa place de bataille, le chef de section commande :

Sur la gauche en bataille = MARCHE.

Et le mouvement s'exécute comme il a été dit pour la colonne par pièce (n° 12).

§. III.

32 ***Etant en colonne par section ou par demi-batterie, former la batterie en bataille sur la gauche ou sur la droite.***

Le capitaine commande :

1. *Garde à vous.*
2. *Sur la gauche* (ou *sur la droite*) *en bataille, guide à gauche* (ou *à droite*).
3. MARCHE.

Au deuxième commandement, les chefs de section répètent l'indication du guide.

Au commandement *marche*, le chef de la section de la tête commande :

Tournez = (A) GAUCHE.

Et la section de pièces exécute une conversion en *marchant* ; au moment où la conversion est près de s'achever, le même chef commande :

En = AVANT = *Guide à gauche.*

Et lorsque la section a marché environ trois longueurs de pièce, il commande :

Section = HALTE.

A gauche = ALIGNEMENT.

Les caissons de cette section conversent à gauche au même

point que leurs pièces, et sont ensuite établis à leur place de bataille (*o*).

Pendant ce temps la section du centre, suivie de ses caissons, a continué de marcher en avant, lorsqu'après avoir dépassé celle qui vient de tourner, cette section est arrivée à hauteur du point que doit occuper sa pièce de gauche, son chef commande de même.

Tournez = (A) GAUCHE.

Puis :

En = AVANT = *guide à gauche.*

Cette section se porte ainsi sur la ligne; celle de la tête est arrêtée à deux pas de cette ligue, et alignée ensuite par son chef.

Les caissons de cette section manœuvrent comme ceux de la tête, et ainsi de suite pour la section suivante.

(*o*) Quand on manœuvre sans caissons, la section de la tête marche seulement une longueur de pièce après avoir tourné.

§. IV.

Etant en colonne de manœuvre, former la batterie face en arrière en bataille.

33 PREMIER CAS. *Colonne par section.*

Le capitaine commande :

1. *Garde à vous.*
2. *Face en arrière en bataille; oblique à droite* (ou *à gauche*).
3. MARCHE.

Au deuxième commandement, le chef de la section de la tête commande :

Section en avant, guide à gauche.

Et les autres chefs de section,

Section, oblique à droite.

Au commandement *marche*, répété par ces mêmes chefs, la section de la tête suivie de ses caissons, se porte en avant d'environ une longueur de pièce; elle exécute ensuite un demi-tour par pièce, est arrêtée, puis établie sur la ligne de bataille aux commandemens successifs de son chef.

Par pièce, demi-tour à gauche=MARCHE.
Section=HALTE.
A droite=ALIGNEMENT.

Les autres sections, suivies également de leurs caissons, obliquent à droite; lorsque celle du centre a gagné son intervalle, son chef la redresse par le commandement:

En= AVANT=*guide à gauche.*

Lui fait dépasser la ligne de bataille d'environ une longueur de pièce et exécuter un demi-tour, il l'arrête ensuite à deux pas de cette ligne, et l'établit sur l'alignement par les mêmes commandemens que l'a été la section précédente.

Il en est de même de la section qui suit, par rapport à celle du centre.

Les caissons doublent leurs pièces respectives au trot lorsqu'elles coupent la ligne de bataille, et vont s'établir à leur distance, chacun par un demi-tour.

34 DEUXIÈME CAS. *Colonne par la section du centre.*

Le capitaine commande:

1. *Garde à vous.*
2. *Face en arrière en bataille.*
3. MARCHE.

Les chefs de section font exécuter à leurs pièces le mouvement *en avant, en bataille*, seulement elles ont à marcher une longueur de moins.

Les caissons doublent leurs pièces au trot, et font, ainsi que ces pièces, un demi-tour pour s'établir sur la ligne de bataille.

35 *Observations.* Les formations en bataille avec la colonne par demi-batterie, s'exécutent de

la même manière qu'avec la colonne par section ; il suffit dans le détail de substituer le mot *demi-batterie* à celui de section. En appliquant l'inversion à la colonne par demi-batterie, on tombe dans l'inconvénient de séparer les pièces d'une même section ; on pense néanmoins qu'on ne doit pas hésiter à l'appliquer, lorsque les circonstances l'exigent.

36 *Nota.* Si les colonnes par section ou par demi-batterie sont dans l'ordre en retraite, les commandemens préparatoires du capitaine pour les formations correspondantes à celles des paragraphes I, II, III et IV, sont respectivement ceux-ci :

En retraite en bataille.

A gauche, en retraite en bataille.

Sur la gauche, en retraite en bataille.

Face en arrière, en retraite en bataille.

En y ajoutant de même l'indication de l'oblique ou du guide.

Ces différentes formations s'exécutent d'une manière analogue à ce qui a été prescrit pour l'ordre *en*=AVANT, en appliquant aux caissons ce qui a été dit pour les pièces, et réciproquement ; seulement les chefs de section qui, dans l'ordre en retraite, en colonne, marchaient avec leurs sections de caissons, se portent à leurs sections de pièces pour les établir aussitôt que ces caissons ont coupé la ligne de bataille.

TROISIÈME PARTIE.

Mouvemens en bataille (1).

ARTICLE PREMIER.

Marcher en bataille, changer de direction, arrêter la batterie, et l'aligner; serrer les intervalles et les reprendre; passer un obstacle.

§. Ier.

37 *Marcher en bataille.*

Le capitaine commande:

1. *Garde à vous.*
2. *Batterie en avant, guide à droite* (ou *à gauche*).
3. MARCHE.

Au commandement *marche*, la batterie se met en mouvement; les chefs de section prennent l'alignement du côté désigné; le chef de pièce, qui doit servir de guide, marche dans la direction qui lui a été indiquée d'avance, les autres s'alignent sur lui, et conservent entre eux leur intervalle.

La ligne des caissons suit le mouvement de la première ligne, chaque caisson marchant exactement sur la trace de sa pièce, tous se maintenant à leur distance, et alignés entre eux du côté du guide.

---

(1) On a réuni sous ce titre, les mouvemens en bataille proprement dits, et ceux qui, s'y rattachant, n'ont pu trouver place dans les autres parties.

Nota. On marche en retraite par des commandemens et moyens analogues, c'est à-dire que le détail donné ci-dessus convient également à ce cas, en substituant le mot *en retraite* à celui *en avant*, et appliquant aux caissons ce qui a été dit pour les pièces, et réciproquement.

38 Si, voulant marcher en avant, la batterie est formée en retraite (ou réciproquement), le capitaine la fait préalablement disposer dans l'ordre voulu par les commandemens *par pièce et par caisson demi-tour à gauche*=MARCHE, ce qui s'exécute comme il a été prescrit au nº 4; dans ce cas, le mouvement est continue au moyen du commandement *en*=AVANT=*guide à gauche* (ou *à droite*) fait par le capitaine lorsque le demi-tour est près de s'achever.

§. II.

39 ### *Changer de direction.*

La batterie marchant en bataille, le capitaine commande :

1. *Garde à vous.*
2. *Tournez à droite* (ou *à gauche*).

Au deuxième commandement, la ligne des pièces exécute sa conversion, d'après les principes de la conversion en marchant (Voyez *Notions préliminaires*), la pièce du pivot décrivant un arc de cercle d'environ dix pas.

Le mouvement étant près de s'achever, le capitaine commande :

En=AVANT.

A ce commandement, toutes les pièces reprennent la marche directe et l'allure ordinaire.

Lorsque la conversion des pièces commence, chaque caisson oblique un peu du côté du pivot, et leur ligne converse ensuite à même hauteur que la ligne des pièces, chaque caisson tournant de manière à se trouver sur la trace de sa pièce, à la fin de la conversion.

140 *Nota.* Si, étant de pied ferme, on veut faire exécuter une conversion à la batterie, le capitaine commande :

1. *Garde à vous.*
2. *Batterie à droite* (ou *à gauche*).
3. MARCHE.

Au troisième commandement, la conversion s'exécute d'après les principes de la conversion de pied ferme (Voy. *Notions préliminaires*), lorsqu'elle est près de s'achever.

Le capitaine commande :

En = AVANT = *guide à droite* (ou *à gauche* = (ou) HALTE,

s'il veut arrêter la batterie.

§. III.

141 ### *Arrêter la batterie et l'aligner.*

La batterie étant en marche dans l'ordre en bataille, le capitaine commande :

1. *Garde à vous.*
2. *Batterie.*
3. HALTE.
4. *A droite* (ou *à gauche*) = ALIGNEMENT.
5. FIXE.

Au commandement *halte*, les pièces, les caissons s'arrêtent.

Au quatrième commandement, le capitaine aligne les pièces et les pelotons (*artillerie à cheval*).

Le chef de caissons aligne ses caissons.

Au cinquième commandement, les canonniers cesseront tout mouvement, et replaceront la tête directe.

42 Dans les revues et parades, si l'on veut donner plus de régularité à l'alignement, on trace une ligne au moyen de jalonneurs, le capitaine fait porter les chefs de pièce sur cette ligne, et après avoir fait les rectifications nécessaires, il commande :

A droite (ou *à gauche*) = ALIGNEMENT.

A ce commandement, toutes les pièces partant ensemble se portent sur la ligne ainsi jalonnée, et les conducteurs des chevaux du timon viennent s'arrêter à hauteur et près de leurs chefs de pièces respectifs.

43 Dans les mêmes circonstances, le capitaine peut faire porter d'abord une des sections des ailes à une longueur de pièce en avant, et après avoir aligné les conducteurs des chevaux du timon sur la direction qu'il veut donner à la batterie, il commande :

1. *Garde à vous.*
2. *Par section, à droite* (ou *à gauche*) = ALIGNEMENT.
3. MARCHE.

Au deuxième commandement, le chef de la section du centre commande :

Section en avant, guide à droite (ou *à gauche*).

Au commandement *marche*, répété par ce chef, la section du centre se porte en avant ; lorsqu'elle est arrivée à deux pas de la ligne, son chef commande :

Section = HALTE.

Puis

A droite = ALIGNEMENT.

Ce qui s'exécute comme il a été dit au n° 41.

La section de l'autre aile est établie de la même manière et aux mêmes commandemens de son chef.

§. IV.

44 *Serrer les intervalles et les reprendre.*

La batterie marchant en bataille, le capitaine voulant faire serrer les intervalles, commande :

1. *Garde à vous.*
2. *Sur (telle) pièce de* (1) *(telle) section, à tant de pas* = *serrez les intervalles.*
3. MARCHE.

Au commandement *marche*, les pièces obliquent du côté de celle indiquée, pour serrer à la distance ordonnée, et sont ensuite successivement redressées par leurs chefs respectifs.

45 Chaque caisson suit le mouvement de sa pièce. Voulant faire prendre les intervalles, le capitaine commande :

1. *Garde à vous.*
2. *Sur (telle) pièce de* (1) *(telle) section* = *reprenez vos intervalles.*
3. MARCHE.

Au commandement *marche*, les pièces obliquent du côté

(1) Si c'est à la pièce de l'extrême droite (ou de l'extrême gauche), il commande simplement : *sur la droite* (ou *sur la gauche*).

opposé à la pièce indiquée, pour reprendre les intervalles ordinaires, et sont ensuite redressées par leurs chefs respectifs.

Chaque caisson suit les mouvemens de sa pièce.

46 Si, après avoir serré les intervalles, on veut marcher du côté opposé, et que l'espace manque pour exécuter le demi-tour,

Le capitaine commande :

1. *Garde à vous.*
2. *Pièce de droite* (ou *de gauche*) *de chaque section*=(*en*) AVANT.
3. MARCHE.

Au commandement *marche*, les pièces désignées se portent en avant, en allongeant l'allure ; les autres raccourcissent la leur.

Lorsque ces dernières sont démasquées, le capitaine commande :

Par pièce et par caisson, demi-tour à gauche=MARCHE.

Puis :

En=AVANT.

A ce dernier commandement, les pièces qui ont exécuté un demi-tour se portent en avant pour rentrer en ligne. Ce mouvement terminé, le capitaine commande :

Guide à gauche (ou *à droite*).

et toutes les pièces reprennent l'allure à laquelle on marchait précédemment.

Avant le demi-tour, les caissons se conforment aux mouvemens de leurs pièces respectives, et le demi-tour achevé, chaque pièce suit le mouvement de son caisson.

Nota. Dans les mêmes circonstances, on passerait de l'ordre *en retraite* à l'ordre *en avant*, par des commandemens et moyens analogues.

---

§. V.

47 *Passer un obstacle.*

Si l'obstacle se trouve devant une pièce,
Le capitaine commande :

(Telle) pièce de (telle) section = OBSTACLE.

Le chef de section de la pièce indiquée commande alors :

(Telle) pièce = HALTE.

Oblique à droite (ou *à gauche.*) MARCHE (*a*).

A ce dernier commandement, la pièce désignée se porte derrière le caisson de l'autre pièce de sa section, où étant arrivée, elle est redressée par son chef.

Le caisson se conforme au mouvement de sa pièce.

Si l'obstacle se trouve devant une section,
Le capitaine commande :

Telle section = OBSTACLE.

Le chef de la section indiquée commande alors :

Section = HALTE.

Oblique à gauche (ou *à droite*) (*a*) = MARCHE.

A ce dernier commandement, la section désignée se porte derrière les caissons de celle du centre, si c'est une section des ailes, ou derrière les caissons de celle de droite, si c'est la section du centre. Quand elle y est arrivée, son chef la redresse par le commandement : *en avant.*

Chaque caisson se conforme aux mouvemens de sa pièce.

L'obstacle étant passé, le capitaine commande :

Telle section = *en* LIGNE.

A ce commandement, le chef de la section désignée commande :

En LIGNE=*oblique à droite* (ou *à gauche*) (*a*)
MARCHE.

La pièce ou section qui s'était portée en arrière, obliquant du côté indiqué, rentre en ligne, ou étant arrivée, elle est redressée par son chef.

Chaque caisson se conforme aux mouvemens de sa pièce.

ARTILLERIE A PIED (*a*) NON MONTÉE.	ARTILLERIE A CHEVAL (*a*) ET ARTILLER. A PIED MONTÉE.
La pièce ou section désignée allonge le pas.	Le chef de section de la pièce, ou section désignée, ajoute *au trot*.

ART. II.

Marcher par le flanc pour gagner du terrain à droite ou à gauche; changer de direction; se remettre dans l'ordre en bataille.

§. I.

48 *Marcher par le flanc, pour gagner du terrain à droite ou à gauche.*

La batterie étant en bataille, de pied ferme ou en marche, le capitaine commande:

1. *Garde à vous.*
2. *Par pièce et par caisson à droite* (ou *à gauche*).
3. MARCHE.

Au commandement *marche*, chaque pièce et chaque caisson exécute son à-droite, et la conversion étant près de s'achever, le capitaine commande:

En=AVANT.

A ce dernier commandement, les pièces se redressent, et marchent en file.

Les chefs de section se tiennent sur le flanc en dehors, et comme dans la colonne par pièce.

(b) Les caissons, après avoir exécuté leur à-droite, se redressent comme les pièces et suivent une direction parallèle.

Leurs chefs se tiennent également en dehors de la colonne (c).

(b) Dans l'artillerie à cheval, les pelotons de canonniers font aussi un *à-droite*, marchent à hauteur de la volée de leurs pièces respectives, et forment ainsi une troisième colonne entre celle des pièces et celle des caissons.

(c) Dans cette colonne, le guide est toujours pris du côté des pièces.

§. II.

49 *Changer de direction.*

Le capitaine commande :

Tête de colonne à droite (ou *à gauche*).

Alors le chef de la section dont une pièce est en tête, commande :

Tournez (à) droite.

Puis :

En = AVANT, lorsque la conversion est sur le point d'être terminée.

Les autres pièces et caissons tournent sans commandement au point où la tête a fait sa conversion.

§. III.

50 *Se remettre dans l'ordre en bataille.*

Le capitaine rétablit la batterie dans l'ordre en bataille, soit de pied ferme, soit en marchant, par des commandemens et moyens inverses.

ART. III.

Rompre et former la batterie en marchant ; passage du défilé.

§. I.

51 *Rompre la batterie en marchant.*

1° En avant.

2° À droite (*ou*) à gauche.

Ces mouvemens s'exécutent aux mêmes commandemens et de la même manière que lorsque la batterie est de pied ferme.

Seulement pour rompre en avant, la section qui rompt la première allonge l'allure, et les autres raccourcissent la leur jusqu'à ce qu'elles puissent aller se ranger dans la colonne (*d*).

(*d*) Dans l'artillerie à cheval et dans l'artillerie à pied montée, si le capitaine veut faire rompre ***au trot***, il ajoute à son commandement préparatoire ***au trot***, qui est répété par chaque chef de section à la suite de son commandement particulier.

La batterie rompue, le capitaine indique le guide, et alors on reprend l'allure ordinaire.

§. II.

Former la batterie en continuant ensuite à marcher.

1. *En*=AVANT.

2. *A droite* (ou *à gauche*).

1. *Former la batterie en avant.*

52 PREMIER CAS. — *Etant en colonne par section et en marche.*

Le capitane commande :

1. *Garde à vous.*
2. *Formez la batterie, oblique à gauche* (ou *à droite*).
3. MARCHE.

Au deuxième commandement, le chef de la section de la tête commande :

Section en = AVANT, *guide à droite.*

Et les autres chefs de section :

Section oblique à gauche.

ARTILLERIE A PIED NON MONTÉE.	ARTILLERIE A CHEVAL ET ARTILLERIE A PIED MONTÉE.
Au commandement *marche*, répété par les trois chefs de section, celle de la tête diminuant fortement l'allure, continue à marcher droit devant elle; les autres sections allongeant le pas, gagnent leur intervalle en obliquant à gauche.	Ces deux derniers chefs ajoutent : *au trot*. Au commandement *marche*, répété par les trois chefs de section, celle de la tête continue à marcher droit devant elle; les autres sections prenant le trot, gagnent leur intervalle en obliquant à gauche.

Elles sont ensuite redressées par leurs chefs respectifs, et se portent à hauteur de la section de droite.

La batterie formée, le capitaine commande :

Guide à droite (ou *à gauche*).

ARTILLERIE A PIED NON MONTÉE.	ARTILLERIE A CHEVAL ET ARTILLERIE A PIED MONTÉE.
A ce commandement, on reprend l'allure ordinaire.	Lorsqu'une section arrive à deux pas de l'alignement de celle qui est à sa droite, son chef commande : *Au pas* = MARCHE.

Les caissons suivent les mouvemens de leurs pièces respectives, ceux de la section de la tête ralentissent jusqu'à ce qu'ils soient à la distance voulue; et les autres se règlent ensuite sur eux pour l'alignement

53 SECOND CAS. *Etant en colonne par la section du centre et en marche,*

Le capitaine commande :

1. *Garde à vous.*
2. *Formez la batterie.*
3. MARCHE.

Au deuxième commandement, le chef de la section du centre commande :

Section en = AVANT, *guide à gauche.*

Le chef de la colonne de droite :

En = LIGNE, *oblique à droite.*

Et celui de la colonne de gauche :

En = LIGNE, *oblique à gauche.*

ARTILLERIE A PIED NON MONTÉE.

Au commandement *marche*, répété par ces mêmes chefs, la section du centre raccourcissant l'allure, continue à marcher droit devant elle : les autres pièces allongeant le pas, gagnent leurs intervalles en obliquant du côté indiqué.

ARTILLERIE A CHEVAL ET ARTILLERIE A PIED MONTÉE.

Ces deux derniers chefs ajoutent : *au trot*. Au commandement *marche*, répété par les trois chefs de section, la section du centre continue à marcher droit devant elle; les autres pièces doublant l'allure, gagnent leurs intervalles en obliquant du côté indiqué.

Elles sont ensuite redressées par leurs chefs respectifs, et prennent l'allure de la section du centre lorsqu'elles arrivent à sa hauteur.

Lorsque la batterie est formée, le capitaine commande le guide.

Les caissons de la section du centre ralentissent jusqu'à ce qu'ils aient gagné leur distance ; les autres suivant les mouvemens de leurs pièces respectives, se règlent sur les premiers pour l'alignement.

54 2° Former la batterie à gauche ou à droite.

Le capitaine commande :

1. *Garde à vous.*
2. *Par section à gauche.*
3. MARCHE (ou *à droite*).

Le mouvement s'exécute aux mêmes commandemens des chefs de section et par les mêmes moyens que ceux prescrits au n° 30 pour se mettre en bataille. Seulement la batterie n'ayant plus à être arrêtée à trois longueurs de pièce, c'est le capitaine qui fait le commandement *en avant*, et les caissons ralentissent l'allure après la conversion, jusqu'à ce qu'ils aient leur distance de bataille (e).

(e) Dans l'artillerie à cheval, la deuxième section doit marcher demi-longueur avant de faire son *à-gauche*, et la troisième section environ une longueur; la colonne étant plus longue que l'étendue du front.

§. III.

Passage du défilé.

55 Pour passer le défilé en avant ou en retraite, on rompt la batterie en marche ou de pied ferme, par l'une des ailes ou par la section du centre, selon la position du défilé.

56 Si, ayant rompu par la section du centre, le défilé ne permet de passer qu'une voiture de front, on rompt successivement par pièce à l'avertissement du capitaine, et de manière que les pièces d'une même section ne soient pas séparées; alors, le chef de la section du centre qui marche en tête, commande :

Par la droite (ou *par la gauche*), *rompez la section* = MARCHE.

Ce qui s'exécute comme au n° 19.

Cette section étant rompue, est suivie par la colonne de droite, derrière laquelle la colonne de gauche se range ensuite aux commandemens de son chef.

Aussitôt que le terrain le permet, le chef de la section du centre, sur l'avertissement du capitaine, commande :

Formez la section, oblique à gauche = MARCHE.

Ce qui s'exécute comme au n° 21.

La dernière section se range ensuite derrière la pièce de gauche de la section du centre, aux commandemens de son chef.

Si l'on avait à passer le défilé dans l'ordre en retraite, ce mouvement s'exécuterait par des commandemens et moyens analogues.

§. IV.

La contre-marche.

57 La batterie étant dans l'ordre en bataille en avant, et le capitaine voulant lui faire faire face du côté opposé et dans le même ordre, commande :

1. *Garde à vous.*
2. *Contre-marche.*
3. MARCHE.

Au deuxième commandement, les chefs de section commandent :

Par pièce demi-tour à gauche.

Et le chef des caissons :

Caissons en avant, guide à gauche, au trot. MARCHE.

A ce commandement, les caissons doublent leurs pièces au trot, et dès que les caissons sont à hauteur des pièces, le chef des caissons commande :

Par caisson, demi-tour à gauche.

Au commandement *marche* du capitaine, fait au moment où les caissons viennent de dépasser leurs pièces, et répété par les chefs de section et des caissons, le demi-tour s'exécute ; lorsqu'il est près de s'achever, le capitaine commande :

En avant, guide à gauche.

Et *halte* lorsque les pièces sont arrivées sur la ligne qu'occupaient les caissons.

Il fait ensuite aligner la batterie, s'il le juge convenable.

Les caissons, après le demi-tour, sont établis de même par leur chef à la place qu'occupaient leurs pièces respectives.

58 *Nota.* Si les lignes étaient dans l'ordre en retraite, la contre-marche s'exécuterait d'une manière analogue, en appliquant aux pièces ce qui a été dit pour les caissons, et réciproquement.

Observations. 1° La contre-marche, dans une colonne par section ou par demi-batterie, s'exécute d'une manière analogue.

2° La contre-marche s'exécute en marchant d'une manière analogue et aux mêmes commandemens.

QUATRIÈME PARTIE.

ARTICLE PREMIER.

Manières de passer de l'ordre en bataille à l'ordre en batterie, et réciproquement.

§. I.

59 ***Etant en bataille de pied ferme, se mettre en batterie.***

ARTILLERIE A PIED.

Le capitaine commande :

1. *Garde à vous.*
2. *En batterie.*
3. MARCHE.

Au deuxième commandement, le chef des caissons commande :

Par caisson demi-tour à gauche, au trot.

Au commandement *marche*, répété par les chefs de section et des caissons, les pièces exécutent leur demi-tour, sont arrêtées et alignées par les chefs de section.

Les caissons font leur demi-tour, et vont, au commandement de leur chef, s'établir par un deuxième demi-tour à leurs places de batterie.

ARTILLERIE A CHEVAL.

On fait les mêmes commandemens que dans l'artillerie à pied, et l'exécution ne diffère que par les pelotons, qui font demi-tour à gauche au commandement *marche* (1) du capitaine, vont se porter au trot à une forte longueur de pièce en arrière de leur première position, et s'établissent à leurs places de batterie par un second demi-tour ; aussitôt, les pointeurs commandent aux pelotons :

Halte, pied à terre, à vos postes.

(1) Ou bien obliquant de suite à droite, les canonniers mettent pied à terre, et les gardes-chevaux conduisent leurs chevaux à leur distance de batterie.

Règle générale. Dans toutes les formations en batterie, les canonniers, s'ils ne sont pas à leurs postes, s'y portent au pas de course, ôtent l'avant-train, et se préparent à faire feu. L'avant-train ôté fait son demi-tour en obliquant à droite, de manière que, le mouvement terminé, il soit dans la direction de la pièce, la tête des premiers chevaux de l'attelage à une demi-longueur de l'extrémité du levier de pointage.

Dans l'artillerie à cheval et dans l'artillerie à pied montée, toutes les formations en batterie se font en doublant l'allure.

60 *Etant en bataille en marche; se mettre en batterie.*

ARTILLERIE A PIED.

Le capitaine commande:

1. *Garde à vous.*
2. *En avant en batterie.*
3. MARCHE.

Au deuxième commandement, les caissons s'arrêtent, les chefs de section commandent:

Pièces au trot = MARCHE.

Les pièces ayant marché une longueur et demie, le capitaine commande:

MARCHE.

A ce commandement, les chefs de pièce s'arrêtent et s'alignent à droite, les pièces font immédiatement leur demi-tour en obliquant à droite, le conducteur des chevaux du timon vient se placer à la botte de son chef de pièce.

ARTILLERIE A CHEVAL.

On fait les mêmes commandemens que dans l'artillerie à pied, et l'exécution ne diffère que par les pelotons, lesquels s'arrêtent comme les caissons. Lorsque les avant-trains sont à leurs places de batterie, les gardes-chevaux rapprochent les chevaux du peloton à deux pas du derrière du coffre d'avant-train.

61 *Etant en retraite en bataille de pied ferme, se remettre en batterie* (1).

Le capitaine commande :

1. *Garde à vous.*
2. *En batterie.*
3. MARCHE.

Au deuxième commandement, les chefs de section commandent :

Otez les avant-trains.

Et le chef des caissons :

Caissons = *au trot.*

Au commandement *marche*, fait de suite après celui *en batterie*, et répété par le chef des caissons, on ôte les avant-trains qui prennent, ainsi que les caissons, leurs places de batterie (*a*).

(*a*) Dans l'artillerie à cheval, au commandement *en batterie*, les pelotons doublent leurs pièces au trot et vont s'établir, par un demi-tour à gauche, à dix pas des premiers chevaux des pièces (lorsqu'elles sont arrêtées), leur faisant face.

62 Si la batterie est en marche, le mouvement s'exécute de la même manière, seulement au commandement *marche*, les chefs de section arrêtent leurs pièces, et si les canonniers sont montés sur les coffres, les caissons s'arrêtent au commandement *en batterie* pour les laisser des-

(1) Si, dans le même cas, on veut faire feu du côté opposé, on fait d'abord doubler les pièces, et on se met en batterie.

cendre, et vont ensuite prendre au trot leurs places de batterie.

§. II.

63 *Étant en batterie, se remettre en bataille.*

Le capitaine commande :

1. *Garde à vous.*
2. *Avant-trains en avant.*
3. MARCHE.

Au commandement *marche* du capitaine, répété par ces chefs, les avant-trains laissant les pièces à gauche, se portent vivement en avant et près de la bouche, les canonniers placent les armemens, mettent la pièce sur l'avant-train après l'avoir tournée à bras.

Les chevaux des pelotons et les caissons se rapprochent à leur distance de bataille.

Si, de suite après, le capitaine veut porter la batterie en avant :

1. *Batterie en avant.*
2. MARCHE.

64 *Étant en batterie, se mettre dans l'ordre en retraite, en bataille.*

Le capitaine commande :

1. *Garde à vous.*
2. *Avant-trains en arrière.*
3. MARCHE.

Le chef des caissons commande:

Par caisson, demi-tour à gauche.

Au commandement *marche* du capitaine, répété par ce chef, les caissons font demi-tour à gauche, les avant-trains obliquent à droite, font un demi-tour à gauche, en tournant près de la crosse de l'affût, les canonniers placent les armemens, mettent la pièce sur l'avant-train ; aussitôt les chefs de section commandent :

1. *Pièces au trot.*

2. *Guide à gauche* (*b*).

Les pièces serrent sur les caissons à la distance voulue, s'arrêtent et s'alignent à gauche.

Si le capitaine veut faire porter la batterie en retraite, il commande :

1. *Batterie en retraite* (*guide à droite*, ou *à gauche*).

2. MARCHE.

(*b*) Dans l'artillerie à cheval, les pelotons de canonniers obliquent à droite pour laisser passer les pièces, et s'établissent ensuite derrière elles par un demi-tour à gauche.

65 *Observation.* Dans les formations en batterie simultanées, le feu ne commence qu'au commandement du capitaine; dans les formations successives, les chefs de section le font commencer aussitôt que leur section est établie, à moins d'ordres contraires.

ARTICLE II.

66 *Passer de l'ordre en batterie à l'ordre en colonne.*

Le capitaine fait préalablement disposer la batterie en bataille en avant ou en retraite, et au lieu d'arrêter les pièces, il fait à temps les commandemens convenables d'après ce qui a été prescrit pour rompre la batterie en marchant. (3e *Partie*, n° 51.)

ARTICLE III.

Etant en colonne, se former en batterie.

1° En avant.
2° A gauche (*ou* à droite).
3° Sur la gauche (ou *sur la droite*).
4° Face en arrière.

§. I.

67 PREMIER CAS. — *Etant en colonne par section, se former en avant en batterie.*

Le capitaine commande :

1. *Garde à vous.*
2. *En avant en batterie, oblique à gauche* (ou *à droite*).
3. MARCHE.

Au deuxième commandement, le chef de la section de la tête commande :

Section en avant, guide à droite (c).

Et les autres chefs de section :

Section oblique à gauche.

Au commandement *marche*, répété par ces mêmes chefs, la section de la tête marche droit devant elle environ une longueur de pièce, et alors son chef commande :

En avant en batterie = MARCHE.

Au commandement *en avant en batterie*, les caissons s'arrêtent, ainsi que les pelotons (artillerie à cheval); les pièces marchent en avant deux fortes longueurs de pièce, et le chef de section fait alors le commandement *marche*, qu'on exécute comme dans la formation en batterie étant en bataille en marche.

Les autres chefs de section obliquent à gauche et se portent sur la ligne par les mêmes principes que dans la formation en avant en bataille. Elles sont ensuite mises en batterie de la même manière que la première section.

(c) Dans l'artillerie à cheval et dans l'artillerie à pied montée, le chef de la section de la tête ajoute *au trot* à ce commandement.

68 SECOND CAS. — *Etant en colonne par la section du centre, se former en avant en batterie.*

Le capitaine commande :

1. *Garde à vous.*
2. *En avant en batterie.*
3. MARCHE.

Au deuxième commandement, le chef de la section du centre commande :

Section en avant, guide à droite.

Le chef de la colonne de droite :

En ligne=oblique à droite.

Et le chef de la colonne de gauche :

En ligne=oblique à gauche.

Au commandement *marche*, répété par ces chefs, la section du centre qui marche en tête, se porte en batterie de la même manière et aux mêmes commandemens de son chef que la section de la tête dans le cas précédent.

Les pièces des autres sections, obliquant du côté indiqué, gagnent leurs intervalles et se portent sur la ligne où elles sont établies en batterie par leurs chefs respectifs, et alignées par les chefs de section.

Les caissons suivant d'abord leurs pièces vont se placer ensuite sur l'alignement de ceux de la section du centre (*d*).

ARTILL. A PIED MONTÉE.

(*d*) Les caissons des colonnes de droite et de gauche s'arrêtent successivement à hauteur du point où se sont arrêtés les caissons de la section du centre.

ARTILLERIE A CHEVAL.

(*d*) Les pelotons de canonniers des colonnes de droite et de gauche, se portent successivement à hauteur de ceux déjà établis.

69 Si la colonne par section est dans l'ordre en retraite,

Le capitaine commande :

1. *Garde à vous.*
2. *En retraite en batterie=oblique à gauche* (ou *à droite*).
3. MARCHE.

Le mouvement s'exécute comme dans la formation en retraite en bataille, seulement si les canonniers sont montés, les caissons s'arrêtent au commandement *halte* du chef de section pour les laisser descendre (1), et vont ensuite au trot se placer à leur distance de batterie.

Dans l'artillerie à cheval, les pelotons de canonniers doublent leurs pièces au commandement *pièces, halte,* du chef de section, et vont s'établir à leurs places de batterie par un demi-tour à gauche.

§. II.

70 *Etant en colonne par section, se mettre en batterie à gauche ou à droite.*

Le capitaine commande :

1. *Garde à vous.*
2. *A gauche* (ou *à droite*) *en batterie par section à droite* (ou *à gauche*).
3. Marche.

Au deuxième commandement, les chefs de section commandent :

Section à droite (2).

Et le commandant des caissons :

Par caisson=oblique à droite=au trot.

Au commandement *marche*, répété par ces chefs, les sections font une conversion à droite d'après les principes de la conversion *de pied ferme* sont arrêtées immédiatement après, et alignées à gauche.

---

(1) *Regle générale.* Dans toutes les formations en batterie, les chefs de section se portent à leur section de pièce, aussitôt que les caissons ont coupé la ligne que ces pièces doivent occuper.

(2) Les chefs des deuxième et troisième sections doivent marcher avant de faire ce commandement, afin de gagner leurs intervalles.

Les caissons obliquant à droite doublent leurs pièces au trot (*f*) et se portent à leurs distances.

Les canonniers séparent les deux trains, et tous prennent leurs places de batterie (*f*).

ARTILL. À PIED MONTÉE.

(*f*) Aussitôt que les caissons ont doublé leurs pièces, ils s'arrêtent pour laisser descendre les canonniers, et vont ensuite gagner leurs places de batterie.

ARTILLERIE À CHEVAL.

(*f*) Les pelotons de canonniers précédant les caissons, doublent les pièces, et vont s'établir, par un demi-tour à gauche, à leurs places de batterie.

71 Si la colonne est dans l'ordre en retraite, le capitaine fait préalablement doubler les caissons par leurs pièces pour la mettre dans l'ordre en avant, et le mouvement s'exécute ensuite comme au numéro précédent.

§. III.

72 *Etant en colonne par section, se former sur la gauche* (ou *sur la droite*) *en batterie.*

Le capitaine commande :

1. *Garde à vous.*
2. *Sur la gauche* (ou *sur la droite*) *en batterie, guide à droite* (ou *à gauche*).
3. MARCHE.

Au deuxième commandement, les chefs de section répètent l'indication du guide.

Au commandement *marche*, le chef de la section de la tête commande :

Tournez à gauche.

Puis :

En avant=guide à gauche.

Après avoir exécuté ces deux commandemens,

cette section marche encore environ deux longueurs de pièce (*h*), et se forme en batterie comme il a été dit pour la section de la tête dans la formation en avant en batterie, n° 67.

Les autres sections sont successivement établies de la même manière.

Les caissons tournent sur le même terrain que leurs pièces respectives.

Manœuvre sans caissons.

(*h*) Lorsqu'on manœuvre sans caissons, les sections n'ont besoin de marcher qu'environ une longueur de pièce.

73 *Nota.* Si la colonne est dans l'ordre en retraite, on fait préalablement doubler les caissons par les pièces, et le mouvement s'exécute comme au numéro précédent.

§. IV.

74 *Etant en colonne se former face en arrière en batterie.*

Premier cas. — *Colonne par section.*

Le capitaine commande :

1. *Garde à vous.*
2. *Face en arrière en batterie, oblique à gauche* (ou *à droite*).
3. Marche.

Au deuxième commandement, le chef de la section de la tête commande :

Section en avant.

Et les autres chefs de section :

Section oblique à gauche.

Au commandement *marche*, répété par ces chefs, le mouvement des sections de pièces s'exécute de la même manière que pour la formation en avant en bataille, excepté que la section de la tête ne se porte en avant que d'une longueur de pièce; alors le chef de cette section commande :

Pièces = Halte.

A droite = Alignement.

Les autres sections sont établies sur la ligne aux mêmes commandemens que celle de la tête.

Les canonniers séparent les deux trains (*i*). Les caissons doublent leurs pièces (*j*) au moment où elles s'établissent sur la ligne, vont ensuite prendre leurs places de batterie.

ARTILL. A PIED MONTÉE.

(*j*) Les caissons s'arrêtent après avoir doublé leurs pièces pour laisser descendre les canonniers, et vont ensuite s'établir à leurs places de batterie.

ARTILLERIE A CHEVAL.

(*i*) Les pelotons, suivis des caissons, doublent leurs pièces au commandement *pièces*, *halte*, de leurs chefs de section, et vont s'établir, par un demi-tour, à leurs places de batterie.

75 SECOND CAS. — *Colonne par la section du centre.*

Le capitaine commande :

1. *Garde à vous.*
2. *Face en arrière en batterie.*
3. MARCHE.

La section du centre se porte en batterie de la même manière et aux mêmes commandemens de son chef que la section de la tête dans le cas précédent.

Les pièces des autres sections obliquent du côté indiqué par les commandemens de leurs chefs de section, prennent leurs intervalles et se portent sur la ligne où elles sont établies par leurs chefs respectifs, et alignées par leurs chefs de section. (*Voyez la 3e partie, n° 41.*)

Les caissons doublent leurs pièces comme il vient d'être dit (n° 74).

ARTICLE IV.

Changement de front.

76 1. *Sur la section de droite pour faire feu à gauche, ou sur la section de gauche pour faire feu à droite.*

2. *Sur la section de droite pour faire feu à droite, ou sur la section de gauche pour faire feu à gauche* (1).

§. I.

Changement de front sur la section de droite pour faire feu à gauche.

Le capitaine commande :

1. *Garde à vous.*

---

(1) Ces changemens de front étant moins simples que les premiers, ne seront employés que lorsque les circonstances l'exigeront. Dans les changemens de front, la droite ou la gauche indiquée dans le commandement du capitaine est relative à la droite ou à la gauche de la batterie.

2. *Changement de front sur la section de droite pour faire le feu à gauche.*

3. MARCHE.

Au deuxième commandement (1), le chef de la section de droite fait exécuter un à-gauche à bras à sa pièce de droite, l'avant-train oblique fortement à droite pour se porter dans la nouvelle direction de la pièce : quant à l'autre pièce, il fait réunir les deux trains, la prévenant qu'elle doit converser à gauche (*k* et *l*).

ARTILLERIE A PIED.

(*k*) Dans tous les changemens de front, les canonniers restent à leurs pièces pendant tout le mouvement.

ARTILLERIE A CHEVAL.

(*l*) Dans tous les changemens de front, les canonniers des deux pelotons de la section de formation, restent à leurs pièces, et les chevaux sont conduits à leurs nouvelles places de batterie, par les gardes-chevaux. Les canonniers des autres pelotons montent à cheval, laissent passer leurs pièces, se placent derrière par un demi-tour à gauche, et en arrivant sur la nouvelle ligne, ils doublent leurs pièces au trot, pour se porter à leurs places de batterie.

Les autres chefs de section commandent :

Avant-trains en arrière, puis *par pièce oblique à gauche.*

Le chef des caissons commande :

1. *Par caisson demi-tour à gauche.*
2. *En avant.*
3. *Guide à gauche.*
4. AU TROT.

---

(1) On peut, si on le juge convenable, établir la section sur la nouvelle ligne avant de commencer le mouvement.

Au commandement *marche*, répété par les chefs de section et celui des caissons, la section de droite achève sa conversion, les pièces des autres sections obliquent à gauche et sont établies successivement à leurs places de batterie sur l'alignement, déterminé par les pièces de droite.

Lorsque les caissons auront marché au trot deux longueurs de pièce, leur chef commande :

Par caisson à gauche = MARCHE.
Tête de colonne à gauche.

Puis, quand les caissons sont arrivés à hauteur de leurs pièces :

Par caisson à gauche = MARCHE = *halte* = *à droite* = *alignement.*

77 *Nota.* Dans les changemens de front, aussitôt qu'une pièce est établie, les canonniers séparent les deux trains sans commandement et entrent en action.

78 *Nota.* On exécuterait d'une manière semblable le changement de front sur la section de gauche pour faire feu à droite.

§. II.

79 *Changement de front sur la section de droite pour faire feu à droite.*

Le capitaine commande :

1. *Garde à vous.*
2. *Changement de front sur la section de droite pour faire feu à droite.*
3. MARCHE.

Au deuxième commandement, le chef de la section de droite fait exécuter un *à droite* à bras à sa pièce de droite ; fait mettre sur l'avant-train sa pièce de gauche, en faisant porter l'avant-train en avant.

Les autres chefs de section commandent :

Avant-trains en avant.

Les canonniers mettent les pièces sur l'avant-train, après les avoir tournées à bras.

Le chef de section commande :

Par caisson à gauche = au trot.

Au commandement *marche* du capitaine, répété par les chefs de section et des caissons, la section de droite achève sa conversion, les pièces des autres sections se portent sur la nouvelle ligne, la dépassent, font un demi-tour, et s'alignent sur celles déjà établies.

Les caissons font à gauche, puis tête de colonne à droite, et à hauteur de leurs pièces, par caisson à droite, et enfin en avant, halte, à droite, alignement.

Artillerie à cheval.

Les pelotons des sections de la gauche suivent à cheval le mouvement de leurs pièces respectives, et s'arrêtent successivement à leurs nouvelles places de batterie.

30 *Nota.* On exécuterait d'une manière semblable le changement de front sur la section de gauche pour faire feu à gauche.

ARTICLE V.

31 *Etant en batterie, exécuter les différens feux.*

§. I.

Etant en batterie, faire feu, faire cesser le feu.

Le capitaine commande :

Commencez le feu.

Pour le faire cesser, il commande :

Cessez le feu.

Ou il fait sonner un demi-appel.

§. II.

82 *Feu en avançant par demi-batterie, la batterie faisant feu.*

1. *Garde à vous.*
2. *Feu en avançant par demi-batterie.*
3. *Demi-batterie de droite (ou de gauche). Commencez le mouvement.*

Au troisième commandement, le chef de la demi-batterie de droite fait cesser le feu, et commande :

Avant-trains en avant (1).

Porte sa demi-batterie en avant environ l'étendue du front d'une batterie, puis commande :

En avant en batterie = MARCHE.

Le commandement *marche* doit suivre immédiatement celui *en avant en batterie.*

Dès que le chef de la demi-batterie de gauche voit le feu commencé par celle qui s'est portée en avant, il fait cesser le feu et exécute un mouvement semblable, et ainsi de suite.

Si la batterie est en marche, le capitaine remplace le troisième commandement par celui-ci :

Demi-batterie de gauche (ou de droite) commencez le feu.

§. III.

83 *Feu en retraite par demi-batterie* (2).

La batterie faisant feu, le capitaine commande :

1. *Garde à vous.*

---

(1) Les caissons ne doivent pas serrer sur les pièces ; ils se maintiendront, pendant toute la durée du mouvement, à leur distance de batterie, ainsi que les pelotons dans l'artillerie à cheval.

(2) Dans les feux en retraite, on pourra faire usage de la prolonge.

2. *Feu en retraite par demi-batterie.*
3. *Demi-batterie de droite* (ou *de gauche*). *Commencez le mouvement.*

Au troisième commandement, le chef de la demi-batterie désignée fait cesser le feu, et commande :

Avant-trains en arrière (1).

Porte sa demi-batterie en retraite d'environ l'étendue du front d'une batterie, s'arrête, se met en batterie et commence le feu.

Dès que le chef de l'autre demi-batterie voit le feu commencé par celle qui s'est portée en retraite, il fait cesser le feu et exécute un mouvement semblable, et ainsi de suite.

Après avoir fait feu par demi-batterie, soit en avançant, soit en retraite, pour former la batterie, le capitaine commande :

Sur telle demi-batterie = alignement.

Et si on n'a pas fait cesser le feu, ce feu continue dans les deux demi-batteries, lorsqu'elles sont réunies.

§. IV.

84 ### *Feu en arrière.*

Etant en batterie,

Le capitaine commande :

1. *Garde à vous.*
2. *Feu en arrière.*
3. MARCHE.

---

(1) Les pièces ne doivent pas serrer sur les caissons ; les deux lignes conserveront, pendant la durée du mouvement, la distance de batterie. Les chevaux de l'avant-train, ceux du peloton (artillerie à cheval), et enfin ceux du caisson, seront tournés du côté vers lequel on marche.

Au deuxième commandement, le chef des caissons commande:

Caissons doublez vos pièces = au trot.

Les chefs de section commandent :

Avant-trains doublez vos pièces.

Les canonniers tournent à bras les pièces par la droite, comme à l'ordinaire.

Au commandement *marche* du capitaine, répété par les chefs de section et des caissons, les avant-trains suivis des chevaux de canonniers (ARTILLERIE A CHEVAL) (1), et les caissons doublent les pièces et vont s'établir à leurs places de batterie.

85 Si on veut exécuter ce feu étant en bataille, le capitaine fait les commandemens indiqués ci-dessus.

Au deuxième commandement, le chef des caissons commande :

Caissons doublez vos pièces = au trot.

Et les chefs de section :

Otez les avant-trains (k).

Au commandement *marche*, répété par le chef des caissons, ceux-ci doublent leurs pièces, et vont s'établir à leur place de batterie. Les avant-trains ôtés prennent de même leurs places de batterie par un demi-tour.

ARTILL. A PIED MONTÉE.	ARTILLERIE A CHEVAL.
(k) Les caissons s'arrêtent au même commandement, pour laisser descendre les canonniers, puis doublent leurs pièces au trot.	(k) Chaque peloton double sa pièce au trot, et va prendre sa place de batterie par un demi-tour.

86 *Observation.* Ce mouvement s'exécute d'une manière semblable, la batterie marchant en-

(1) Dans l'artillerie à cheval, les chevaux des canonniers sont conduits par les garde-chevaux à leurs places de batterie, en laissant la pièce à gauche.

bataille; seulement alors au commandement *marche*, les chefs de section commandent : *Pièces=halte.*

Otez les avant-trains.

§. V.

Passer le défilé en retraite sous le feu de l'ennemi.

87 Si le défilé se trouve derrière une section des ailes, on rompt la batterie en retraite par l'aile opposée, tandis que le reste de la batterie protége le mouvement de la batterie par son feu.

88 Si le défilé se trouve derrière la section du centre, le capitaine commande :

1. *Garde à vous.*
2. *Par les pièces des ailes en arrière du centre, passez le défilé.*
3. MARCHE.

Au deuxième commandement, les chefs des sections des ailes font cesser le feu à la pièce de l'extrême droite, et à celle de l'extrême gauche, et les chefs de ces pièces commandent :

Avant-train en arrière.

Les canonniers remettent l'avant-train et montent à cheval, ou sur les coffres; puis le chef de la section de droite commande :

Par la pièce de droite en retraite en colonne (1).

Et celui de la section de gauche :

Par la pièce de gauche en retraite en colonne.

---

(1) Ici, comme dans les changemens de front, la droite ou la gauche se rapporte à la droite ou à la gauche de la batterie.

Au commandement *marche*, répété par les mêmes chefs, chaque caisson extrême suivi de sa pièce se dirige vers l'entrée du défilé, et ces deux caissons le passent ensemble.

L'autre pièce de chacune des sections des ailes cesse le feu, lorsque la volée de la pièce qui a rompu arrive à hauteur des premiers chevaux des avant-trains ; elle se porte ensuite en retraite de la même manière, et entre dans la file à la suite de son caisson.

Lorsque les deux pièces qui marchent en tête sont arrivées à la sortie du défilé, leurs chefs de section les font tourner, l'une à gauche, et l'autre à droite, de manière qu'elles se prolongent parallèlement à la première ligne de batterie; lorsque chacune des quatre pièces est arrivée à hauteur du point qu'elle occupait précédemment, le chef de la section de droite commande :

Par pièce à droite.

Et celui de la section de gauche :

Par pièce à gauche.

Ils arrêtent ensuite les pièces, font ôter les avant-trains et commencer le feu.

Pendant ce temps, les caissons des deux colonnes continuent à marcher droit devant eux; et lorsque ceux de la tête ont dépassé le défilé d'environ deux longueurs de pièce, chacune de ces colonnes tournent l'une à droite, et l'autre à gauche, pour se prolonger parallèlement à la ligne des pièces.

Lorsque chaque caisson se trouve à hauteur de sa pièce, tous prennent leurs places de batterie, ceux de droite par un *à-gauche*, et ceux de gauche par un *à-droite*.

Quand les sections des ailes ont commencé le feu, le chef de la section du centre fait cesser le feu, amener les avant-trains en arrière, se porte en retraite à hauteur des sections nouvellement établies, et fait commencer le feu s'il y a lieu.

ÉVOLUTIONS DE BATTERIES.

Les évolutions sont l'application à une ligne composée de plusieurs batteries des mouvemens qui font l'objet de l'école de batterie.

On suivra dans ce titre le même ordre et la même division que dans celui qui précède.

PRINCIPES GÉNÉRAUX.

On suppose une ligne de quatre batteries; mais les règles données pour cette ligne seront facilement applicables à tel nombre de batteries que ce soit.

Chaque batterie sera désignée par son numéro, suivant le rang qu'elle occupera dans la ligne. La batterie de droite sera dénommée *première*, celle qui suit *deuxième*, et ainsi de suite jusqu'à la gauche (1).

(1) Lorsqu'il y a plus de trois batteries réunies sous un même commandement, il ne devient plus possible de les désigner clairement par les dénominations de droite, de gauche, du centre, et il importe que les commandemens ne soient pas trop longs, mais cependant qu'ils spécifient bien aux chefs de batterie la place que chacun doit occuper après les différens mouvemens; d'ailleurs, le rang de ces batteries ne peut plus être une chose indifférente, surtout quand des batteries d'artillerie à pied et à cheval ou de différens calibres manœuvrent ensemble. D'après ces considérations, on a numéroté les batteries et distingué les cas où les colonnes auraient la droite ou la gauche en tête, ce qui constitue l'ordre

Deux batteries forment une division, qui sera commandée par un officier supérieur; comme les batteries, les divisions seront désignées par leur numéro, suivant leur rang de droite à gauche.

Les commandans de division veilleront, soit en ligne, soit en colonne, à l'exécution de tout ce qui sera commandé : ils pourront en conséquence se porter partout où ils jugeront leur présence nécessaire dans l'étendue de leur division.

Un adjudant-major sera attaché à chaque commandant en chef, et chargé de l'établissement des guides et de la direction générale.

Un officier ou adjudant sera attaché à chaque commandant, et remplira près de lui des fonctions analogues à celles dont l'adjudant-major est chargé près du commandant en chef.

Un sous-officier sera attaché à chaque batterie en qualité de guide particulier, et destiné à fixer exactement les intervalles entre les batteries.

Dans tous les déploiemens et changemens de front, le guide particulier se portera rapidement au point qui doit marquer l'intervalle à conserver entre sa batterie et celle qui la précède dans la formation.

Le commandant en chef et les commandans de batterie auront chacun un trompette qui les suivra dans tous les mouvemens.

---

naturel et l'ordre inverse; mais cet ordre inverse n'a lieu que de la droite à la gauche et jamais entre les batteries ni dans l'intérieur d'une même batterie.

FORMATION DES BATTERIES

EN LIGNE, EN COLONNE ET EN PARADE.

Ordre en bataille ou en batterie.

En bataille ou *en batterie*. L'intervalle entre chaque batterie sera de deux longueurs de pièce.

Le commandant chef n'aura pas de place fixe, il se portera partout où il jugera sa présence nécessaire.

En bataille. Les commandans de division se placeront au centre de leur division, à deux pas en avant des commandans de batterie.

En batterie. Ils se tiendront également au centre, à six pas des premiers chevaux des pièces, leur faisant face.

L'adjudant-major et les autres officiers chargés de fonctions analogues seront près et en arrière des officiers supérieurs auxquels ils seront attachés.

Les guides se tiendront à deux pas en arrière et au centre des caissons de la section de droite de leur batterie.

La ligne sera dite dans l'*ordre naturel*, lorsqu'étant formée en bataille ou en batterie dans l'*ordre en avant*, la première batterie y occupera la droite.

Dans les cas contraires, elle sera dite en *ordre inverse*.

Ordre en colonne.

En colonne par *section* ou par *batterie*, la distance entre les deux batteries sera d'une longueur de pièce.

En colonne par *demi-batterie*. Cette distance sera double (1).

Le commandant en chef se tiendra habituellement à la tête afin de la diriger. Dans les évolutions, il se portera où il pourra le mieux diriger l'exécution du mouvement général.

Les commandans de division seront sur le flanc du côté où se prend la direction, ordinairement à hauteur du centre de leur division, à huit pas en dehors.

L'adjudant-major et les officiers chargés de fonctions analogues se tiendront près et en arrière des officiers supérieurs auxquels ils sont attachés.

Les guides particuliers dans *la colonne par section* ou *par demi-batterie*, à deux pas en dehors, du côté opposé à la direction et à hauteur des caissons de la subdivision de la tête.

Dans la colonne par batterie. Ils seront à la place qui leur a été assignée en ligne.

Dans la marche en colonne, à moins d'une indication contraire, le guide sera pris à gauche si l'on a la droite en tête, et réciproquement.

---

(1) Quand on manœuvrera sans caissons, on augmentera cette distance d'environ une longueur.

Revues et Parades.

Les batteries seront en bataille, d'après les dispositions prescrites dans l'école de batterie, pour les mêmes circonstances.

Le commandant en chef au centre de la ligne, à deux pas en avant des chefs de division qui seront à leurs places de bataille.

Les officiers supérieurs non employés à droite et à gauche du commandant en chef et un peu en arrière.

L'adjudant-major derrière le commandant en chef, sur l'alignement des chefs de batterie, les autres officiers disponibles à la gauche de l'adjudant-major. Les officiers attachés aux commandans de division, derrière eux sur l'alignement des chefs de section.

Les guides à leurs places de bataille.

Dans les revues avec d'autres troupes, que la ligne soit formée *en bataille* ou *en batterie*, les canonniers conducteurs des chevaux de devant de la première subdivision, s'aligneront sur le premier rang, soit de l'infanterie, soit de la cavalerie. Pour le reste de la ligne, l'alignement se prendra d'après les principes donnés dans l'école de batterie.

Dans les alignemens, tous les chefs de batterie, excepté celui de la batterie de formation, se porteront à l'aile opposée à l'alignement.

Pour défiler.

Que l'on défile par section ou par demi-batterie ou par batterie, le commandant en chef marchera à la tête de la colonne, à huit pas en avant du chef de la première batterie.

Les officiers supérieurs non employés, à droite et à gauche du commandant en chef, un peu en arrière. Les commandans de division à côté du chef de leur première batterie, du côté du guide et un peu en avant.

L'adjudant-major à deux pas derrière le commandant en chef.

Les officiers disponibles à la gauche de l'adjudant-major.

Les officiers attachés aux commandans de division derrière eux, sur l'alignement du chef de la section de la tête du côté opposé au guide, si l'on défile *par section* ou *par demi-batterie* et de la même manière, par rapport au chef de la section du centre, si on défile *par batterie*.

Les guides aux places qui leur ont été assignées.

Les officiers attachés aux batteries défilent aux places qui leur ont été assignées dans l'école de batterie.

RÈGLES POUR LES COMMANDEMENS.

Le commandant en chef fera les commandemens généraux; ils sont répétés par les commandans de division.

Celui de *garde à vous* sera répété par les chefs de batterie, qui feront ceux relatifs à leur batterie aussitôt après les commandemens généraux, sans se régler les uns sur les autres; ils exécuteront au besoin les mouvemens préparatoires qui devront précéder dans leur batterie l'exécution du mouvement général.

Dans le cas où un chef de division ou de batterie n'aurait pas entendu les commandemens généraux, il se réglerait, soit par la répétition du commandement, soit par l'exécution du mouvement, sur ce qu'il entendrait, ou sur ce qu'il verrait exécuter du côté d'où vient le commandement.

TITRE III.

PREMIÈRE PARTIE.

Colonne par section ou par demi-batterie (1).

ARTICLE PREMIER.

Manière de passer de l'ordre en bataille à l'ordre en colonne.

1° En avant (*ou* en retraite).
2° A droite (*ou* à gauche).

§. Ier.

1 *Étant en bataille de pied ferme, rompre en avant* (ou *en retraite*) (2).

PREMIER CAS. — *Par une des ailes de la ligne.*

Ces mouvemens s'exécutent comme dans l'*Ecole de batterie*, n°s 14, 16, 4 et 17, les capitaines ont soin de diriger la section de la tête de leur batterie, de manière à la faire entrer immédiatement dans la colonne.

Etant en marche, ce mouvement s'exécute de la même

(1) Le détail toujours donné pour la colonne *par section* sera également applicable à la colonne *par demi-batterie*, en y substituant le mot *demi-batterie* à celui *section*.

(2) Il ne sera plus fait mention dans le détail des formations dans *l'ordre en retraite* qui sont absolument analogues à celles correspondantes dans *l'ordre en avant*, et pour lesquelles on se reportera à l'école de batterie.

manière et aux mêmes commandemens. (*Ecole de batterie*, nº 51.)

2 *Observation.* Dans tous les cas, soit en bataille, soit en batterie, on rompt d'une manière analogue, par une des ailes de chaque division (ou de chaque batterie), au commandement : *Par la section de droite de chaque division (ou de chaque batterie) en avant en colonne.*

3 DEUXIÈME CAS. — *Par les sections ou demi-batteries du centre de la ligne.*

Le commandant en chef commande :

1. *Garde à vous.*
2. *Par les sections du centre de la ligne = en avant en colonne.*
3. MARCHE.

La deuxième batterie rompt *en avant par la section de gauche*, et la troisième *par la section de droite.* La première batterie rompt *par section à gauche* et la quatrième *par section à droite.*

4 *Observation.* Dans le cas d'un nombre impair de batteries, il faudrait indiquer ou la section de droite ou la section de gauche des batteries par lesquelles on veut rompre, ou se mettre en colonne par la section du centre de la batterie qui occupe le milieu de la ligne.

5 Voulant rompre par la section du centre de l'une des batteries, le commandant en chef commande :

1. *Garde à vous.*
2. *Par la section du centre de (telle) = batterie en avant en colonne.*

3. Marche.

La batterie désignée rompt par le centre (*Ecole de batterie*, n° 18) et les deux batteries adjacentes rompent par l'aile voisine et par pièce pour se réunir en colonne double derrière la batterie désignée.

S'il existe une autre batterie dans la ligne, elle rompt par l'aile voisine du mouvement et par section, pour se ranger en colonne derrière les autres.

§. II.

Rompre à droite (ou *à gauche*).

6 Comme dans l'école de batterie (n° 15).

ARTICLE II.

Marcher en colonne, changer de direction et arrêter la colonne.

7 Comme dans l'école de batterie (n°s 20, 21, 22 et 23).

ARTICLE III.

Différentes manières de passer de l'ordre en colonne par section ou demi-batterie à l'ordre en bataille.

1° En avant.
2° À gauche (*ou* à droite).
3° Face en arrière.

§. Ier.

Se former en avant en bataille (1).

(1) On n'indique pas si la colonne est en marche ou de pied ferme, parce que, de même que dans l'école de batterie, toutes les formations en bataille s'exécutent de la même manière dans les deux cas.

8 PREMIER CAS. — *Ayant rompu par une des ailes de la ligne.*

Le commandant en chef commande :

1. *Garde à vous.*
2. *En avant en bataille, oblique à gauche* (1).
3. MARCHE.

Le chef de la première batterie lui fait exécuter ce mouvement (*Ecole de batterie*, n° 38).

Au commandement *marche*, les chefs des autres batteries commandent :

Tête de colonne demi-à-gauche.

Chaque batterie formant ainsi une colonne partielle se dirige par une marche diagonale à environ une fois et demie l'étendue du front d'une batterie en arrière du point que sa droite doit occuper sur la ligne, et alors son chef commande :

Tête de colonne demi à droite.

Lorsque chacune des colonnes se trouve presque toute entière dans cette nouvelle direction perpendiculaire à la ligne, on la forme en bataille comme la première.

9 DEUXIÈME CAS. — *Ayant rompu par les sections du centre.*

Le commandant en chef fait les mêmes commandemens prescrits au n° 8, sans indiquer l'oblique, et le déploiement de chacune des co-

(1) On prend ici, comme dans la suite, *l'oblique à gauche* pour exemple. Les formations *oblique à droite* s'exécuteraient d'une manière analogue en changeant le mot *gauche* par celui *droite*, et réciproquement. De même, pour comprendre tous les cas dans un seul exemple, on a ordinairement indiqué les formations sur la deuxième batterie.

lonnes de droite et de gauche s'effectue d'après les mêmes principes.

10 Troisième cas. — *Ayant la droite en tête, se former en bataille sur la subdivision de la tête de l'une des batteries.*

Le commandant en chef commande :

1. *Garde à vous.*
2. *Sur la section de la tête de la deuxième batterie* = *en avant en bataille.*
3. Marche :

Au deuxième commandement, le chef de la première batterie commandera :

Par pièce et par caisson à droite.

Au commandement *marche*, le chef de la deuxième batterie fait exécuter le mouvement *en avant en bataille, oblique à gauche.* (*Ecole de batterie*, n° 28.)

Les chefs des troisième et quatrièmes batteries se conforment à ce qui a été prrscrit pour eux au n° 8.

Lorsque la premièré batterie a marché par le flanc environ deux longueurs de pièce, son chef commande :

Par pièce et par caisson à droite = MARCHE.

et forme ensuite sa batterie *en retraite en bataille* (*Ecole de batterie*, n° 36) de manière à dépasser la ligne d'environ une longueur de pièce.

Alors il commande :

Par pièce et par caisson demi-tour à gauche = MARCHE.

Arrête ensuite sa batterie et l'aligne sur la deuxième.

§. II.

Ayant rompu par une des ailes de la ligne, se former en bataille à droite (ou à gauche), et sur la droite (ou sur la gauche).

11 Premier cas. — *A droite (ou à gauche) en bataille.*

Comme dans l'Ecole de batterie, n° 30. Les chefs de batterie, après l'*à droite*, gagneront leur intervalle en obliquant du côté du guide.

12 Deuxième cas. — *Sur la droite (ou sur la gauche).*

Comme dans l'Ecole de batterie, n° 32.

13 Troisième cas. — *Ayant rompu par les sections du centre.*

Le commandant en chef commande :

1. *Garde à vous.*
2. *A gauche et sur la gauche (ou à droite, et sur la droite) en bataille.*
3. Marche.

Les troisième et quatrième batteries qui ont la droite en tête, se forment *à gauche en bataille*. Les deuxième et première batteries qui ont la gauche en tête, se forment *sur la gauche en bataille*, d'une manière analogue à ce qui a été prescrit pour la colonne de droite au n° 32 de l'Ecole de batterie.

§. III.

Se former face en arrière en bataille.

14 Premier cas. — *Ayant rompu par une des ailes de la ligne.*

Le commandant en chef commande :

1. *Garde à vous.*

2. *Face en arrière en bataille, oblique à droite.*

3. MARCHE.

Le chef de la première batterie lui fait exécuter le mouvement *face en arrière en bataille, oblique à droite.* (*Ecole de batterie*, n° 33.)

Au commandement *marche*, les chefs des autres batteries commandent :

Tête de colonne demi à-droite.

Chaque batterie formant ainsi une colonne partielle se dirige par une marche diagonale, à environ une fois et demie l'étendue du front d'une batterie en arrière du point que sa droite doit occuper sur la ligne, et alors son chef commande :

Tête de colonne demi-à-gauche.

Lorsque chacune des colonnes se trouve presque toute entière dans cette nouvelle direction perpendiculaire à la ligne, on la forme *face en arrière en bataille* comme la première.

15 DEUXIÈME CAS. — *Ayant rompu par les sections du centre.*

Le commandant en chef fait encore les commandemens prescrits au n° 14, et le déploiement des colonnes de droite et de gauche s'effectue d'après les mêmes principes.

16 TROISIÈME CAS. — *Ayant rompu par une des ailes de la ligne, se former face en arrière en bataille sur la subdivision de la tête d'une des batteries quelconques.*

Le commandant en chef commande :

1. *Garde à vous.*
2. *Sur la section de la tête de la deuxième batterie = face en arrière en bataille.*
3. MARCHE.

Au troisième commandement, le chef de la première batterie commande :

Tête de colonne à gauche.

Le chef de la deuxième batterie fait exécuter le mouvement *face en arrière en bataille, oblique à droite.* (*Ecole de batterie*, n° 33.)

Les chefs des troisième et quatrième batteries se conformeront à ce qui a été prescrit pour eux au n° 14.

Lorsque la première batterie, après être entrée toute entière dans la nouvelle direction, a encore marché environ une longueur de pièce, son chef la fait former *par section à gauche* en marchant (*Ecole de batterie*, n° 52); puis l'arrête à deux pas de la ligne de bataille, et l'aligne sur la deuxième batterie.

§. IV.

La tête d'une colonne ayant fait un changement de direction, se former en bataille avant que sa totalité ne soit dans la nouvelle direction.

17 PREMIER CAS. — *La colonne ayant tourné à droite, se former à gauche et en avant en bataille* (1).

A l'instant où les deux premières batteries sont entrées dans la nouvelle direction, le commandant en chef commande :

1. *Garde à vous.*
2. *A gauche et en avant en bataille.*
3. MARCHE.

Les deux premières batteries se forment à *gauche en bataille* (Ecole de batterie, n° 30), et les deux autres *en avant en bataille*, comme au n° 28.

---

(1) *Ou* à droite, et face en arrière en bataille.

18 DEUXIÈME CAS. — *La colonne ayant tourné à gauche, se former à gauche et face en arrière en bataille* (1).

Le commandant en chef commande :

1. *Garde à vous.*
2. *A gauche et face en arrière en bataille.*
3. MARCHE.

Les deux premières batteries se forment *à gauche en bataille*, et les deux autres *face en arrière en bataille*, comme au n° 36.

---

(1) *Ou* à droite et en avant.

DEUXIÈME PARTIE.

Colonne par batterie.

ARTICLE PREMIER.

Manière de passer de l'ordre en bataille à l'ordre en colonne par batterie.

1° En avant.
2° *A droite* (ou *à gauche*).

§. Ier.

19 *Etant en bataille de pied ferme, ployer la ligne en colonne par batterie, la droite en tête.*

Le commandant en chef commande :

1. *Garde à vous.*
2. *Sur la deuxième batterie la droite en tête = formez la colonne* (1).
3. MARCHE.

Au deuxième commandement, le chef de la première batterie commande :

Par pièce et par caisson à gauche.

---

(1) Ici, comme dans l'école de batterie, la droite est toujours relative à la position du moment.

et les chefs des troisième et quatrième batteries :

Par pièce et par caisson à droite.

Au commandement *marche*, répété par ces trois chefs, chaque batterie exécute le mouvement ordonné (*Ecole de batterie*, n° 48), et lorsqu'il est terminé, les mêmes chefs commandent :

En avant.

Le chef de la première batterie, placé à côté de sa pièce de la tête, dirige sa batterie de manière à entrer dans la colonne en serrant de près la seconde batterie, et en suivant une ligne parallèle au front de cette dernière.

Lorsque sa pièce de la tête est près d'arriver à hauteur de la pièce de gauche de la deuxième batterie, ce même chef commande :

Par pièce et par caisson à droite = MARCHE.

Puis :

Halte à gauche = alignement.

Le chef de la troisième batterie, placé à côté de sa pièce de la tête, la dirige de manière à la faire entrer dans la colonne, à une longueur et demie en arrière de la deuxième batterie ; ce même chef s'arrête de sa personne au point où doit s'appuyer sa pièce de gauche, laisse filer sa batterie, et lorsque cette pièce est près d'arriver à sa hauteur, il commande :

Par pièce et par caisson à gauche = MARCHE.

Puis :

Halte à gauche = alignement.

La quatrième batterie se règle sur la troisième, comme celle-ci s'est réglée sur la deuxième.

Observation. Etant en marche, le mouvement s'exécute de la même manière, en ayant soin de ne se former qu'en arrière de la batterie d'une des ailes, et de faire doubler l'allure aux autres batteries.

§ II.

20 *Rompre à droite* (ou *à gauche*) *en colonne par batterie.*

Le commandant en chef commande :

1. *Garde à vous.*
2. *Par batterie à droite* (ou *à gauche*) *en colonne.*
3. MARCHE.

Au deuxième commandement, les chefs de batterie commandent :

Batterie à droite (ou *à gauche*).

Au commandement *marche*, répété par ces chefs, les batteries conversent à droite *de pied ferme* (*Ecole de batterie*, n° 40) ; lorsque la conversion est près de s'achever, les chefs des trois dernières batteries commandent :

En avant = GUIDE A GAUCHE.

et ces batteries serrent sur la première, qui est, au besoin, arrêtée et alignée par son chef.

21 *Nota.* Lorsqu'on ne veut pas arrêter la batterie de la tête, après la conversion, il est préférable d'exécuter le mouvement au trot, ce qui n'a lieu que pour les trois dernières batteries ; celles-ci prennent ensuite le pas quand elles ont serré à leur distance.

ARTICLE II.

Marcher en colonne par batterie, changer de direction, arrêter la colonne, exécuter la contre-marche, rompre et former les batteries.

§. Ier.

22 *Marcher en colonne par batterie* (1).

Les commandemens sont les mêmes qu'avec la colonne par section. (*Ecole de batterie*, n° 20.)

Les principes de la marche en colonne par batterie, sont les mêmes pour chacune, que ceux prescrits dans l'*Ecole de batterie*, n° 20.

Comme il a été dit dans les *Notions préliminaires*, le guide se prend à gauche, dans la colonne formée la droite en tête, et réciproquement. Dans chaque batterie, le chef de la pièce de ce côté, et qui sert de guide, doit avoir attention de marcher toujours sur la trace de ceux qui précèdent; celui de la batterie de la tête se maintient dans la direction qui a dû lui être indiquée, et prend pour cela des points intermédiaires.

---

(1) Dans la marche en colonne par batterie, les capitaines au lieu de rester devant le front de leur batterie, se tiendront habituellement à quatre pas sur le flanc, du côté du guide.

§. II.

Changer de direction.

23 **Premier cas.** — *Par des conversions successives.*

Le commandant en chef commande :

Tête de colonne à droite (ou *à gauche*).

A ce commandement, qui ne sera point répété, le chef de la batterie de la tête lui fait exécuter une conversion en marchant. (*Ecole de batterie*, n° 39.)

Les autres batteries viennent successivement tourner au même point que la première.

24 **Deuxième cas.** — *Par un mouvement simultané.*

La colonne étant formée la droite en tête et arrêtée, le commandant en chef voulant faire changer de direction à gauche, commande :

1. *Garde à vous.*
2. *Changement de direction par pièce et par caisson à droite.*
3. Marche.

Au deuxième commandement, les chefs de batterie commandent :

Par pièce et par caisson à droite.

Au commandement *marche*, ces mouvemens s'exécutent comme dans l'école de batterie, n° 48.

Le chef de la première batterie, placé à côté de sa pièce de la tête, fait tourner sa colonne à gauche, s'arrête de sa personne et laisse filer sa batterie. Lorsque sa pièce de gauche est près d'arriver à sa hauteur, il commande :

Par pièce et par caisson à gauche = MARCHE.

Puis :

Halte ; à gauche = ALIGNEMENT.

Les autres chefs de batterie, placés de même à la tête de

leur colonne, la dirigent à une longueur de pièce en arrière de la batterie qui précède, et l'établissent dans la nouvelle direction, de la même manière que l'a été celle de la tête.

25 Si, étant la droite en tête, le changement de direction devait se faire à droite, et par conséquent *par pièce et par caisson à gauche*, la manœuvre s'exécuterait d'une manière analogue; seulement, les chefs de batterie accompagneraient leur colonne jusqu'à la fin du mouvement.

26 Le même changement de direction peut également avoir lieu en marchant, et alors il s'exécute au trot par les trois dernières batteries qui doivent serrer le plus possible sur celle qui les précède.

27 Dans le cas où une portion de la colonne, les deux premières batteries (par exemple) ayant déjà changé de direction successivement, on voudrait porter de suite les deux dernières batteries sur la nouvelle direction, le commandant en chef commanderait :

1. *Garde à vous.*
2. *Deuxième et troisième batteries changement de direction, par pièce et par caisson à droite* (ou *à gauche*).
3. MARCHE.

§. III.

Arrêter la colonne.

28 Les commandemens du commandant en chef sont les mêmes que pour la colonne par section,

(*Ecole de batterie*, n° 23.) Les chefs de batterie commandent :

Batterie = HALTE.

§. IV.

Exécuter la contre-marche.

29 Comme dans l'Ecole de batterie, n° 57.

§. V.

Rompre les batteries.

30 Etant en colonne par batterie, la droite en tête, en marche ou de pied ferme, le commandant en chef commande :

1. *Garde à vous.*
2. *Par les sections de droite* (ou *de gauche*) = EN AVANT EN COLONNE.
3. MARCHE.

La batterie qui est en tête rompt par la section désignée (*Ecole de batterie*, n° 51) ; les autres batteries rompent successivement, de manière à conserver leurs distances.

§. VI.

Former les batteries.

31 Etant en colonne par section, la droite en tête, le commandant en chef commande :

1. *Garde à vous.*
2. *Formez les batteries*, *oblique à gauche* (ou *à droite*).
3. MARCHE.

Si la colonne est de pied ferme, le chef de chaque batterie

lui fait exécuter le mouvement *en avant en bataille* (*Ecole de batterie*, nº 28), après lequel ces batteries serrent à leurs distances sur la première.

32 *Observation.* Si la colonne est en marche, dans l'artillerie à cheval et dans l'artillerie à pied montée, au commandement préparatoire du commandant en chef, les chefs des deuxième, troisième et quatrième batteries commandent *au trot*, et celui de la première commande *formez la batterie.*

Au commandement *marche* du commandant en chef, la première batterie est formée (Ecole de batterie, nº 52) et les autres viennent se former sur le même terrain par les mêmes commandemens.

ARTICLE III.

Etant en colonne par batterie la droite en tête, se déployer en bataille (1).

1. *En avant.*
2. *A gauche* (ou *à droite*).
3. *Face en arrière.*

§. I.

33 *Déployer en avant sur l'une des batteries.*

Le commandant en chef commande :

1. *Garde à vous.*

---

(1) On déploie toujours la ligne dans l'ordre naturel, parce qu'il se prête à tous les cas.

2. *Sur la deuxième batterie déployez la colonne.*

3. MARCHE.

La colonne étant supposée de pied fermé, le chef de la première batterie commande :

Par pièce et par caisson à droite.

Le chef de la deuxième batterie commande :

Batterie en avant = GUIDE A DROITE.

et les chefs des troisième et quatrième batteries,

Par pièce et par caisson à gauche.

Au commandement *marche*, répété par les capitaines dont les batteries ont à gagner du terrain sur les flancs, ces mouvemens particuliers s'exécutent comme dans l'école de batterie, n° 48.

Le chef de la première batterie conduisant d'abord sa colonne, l'arrête ensuite à hauteur du point où doit appuyer sa pièce de gauche, et lorsque celle-ci est près d'arriver à cette hauteur, il commande :

Par pièce et par caisson à gauche = MARCHE.

Puis :

En avant = GUIDE A GAUCHE.

Dès que la deuxième batterie est démasquée, elle se met en mouvement au commandement *marche* de son chef qui l'arrête ensuite sur la ligne de bataille établie au moins à une longueur de pièce en avant de la première batterie.

Les chefs des troisième et quatrième batteries conduisent d'abord leurs colonnes, s'arrêtent ensuite à hauteur du point où doit appuyer leur pièce de droite, et lorsque celle-ci arrive à hauteur de sa place de bataille, ils commandent :

Par pièce et par caisson à droite = MARCHE.

Puis :

En avant = GUIDE A DROITE.

Les trois batteries qui ont marché par le flanc se règlent ensuite sur celle de formation, et vont s'établir sur son alignement.

34 Même observation qu'au n° 32.

35 Si l'on veut déployer la colonne sur l'alignement même d'une batterie, de la deuxième (par exemple), le commandant en chef commande :

1. *Garde à vous.*
2. *Sur la deuxième batterie de pied ferme déployez la colonne.* = MARCHE.

Le chef de la deuxième batterie l'arrête si la colonne est en marche, toutes les autres exécutent leur mouvement par le flanc; quand la première batterie a gagné assez de terrain sur la droite, son chef la fait porter en retraite en bataille, jusqu'au-delà de l'alignement de la deuxième batterie; puis, lui faisant faire demi-tour par pièce et par caisson, il l'établit sur la ligne.

Les autres batteries manœuvrent comme il a été dit au n° 33.

§. II.

Se former à gauche (ou *à droite*) *en bataille.*

36 La colonne étant en marche, la droite en tête, le commandant en chef commande :

1. *Garde à vous.*
2. *Par la queue de la colonne à gauche en bataille.*
3. MARCHE.

Au commandement *marche*, la quatrième batterie exécute à gauche une conversion de pied ferme (*Ecole de batterie*, n° 40), se porte en avant d'environ une longueur de pièce, et s'établit sur la ligne de bataille.

Aussitôt que la troisième batterie a laissé derrière elle l'espace nécessaire pour former la quatrième, plus deux longueurs de pièce, le chef de cette troisième batterie lui fait exécuter les mouvemens qui viennent d'être prescrits pour la quatrième. Il en est de même pour les autres batteries.

37 Si la colonne était de pied ferme, les chefs des trois premières batteries les mettraient en marche.

§. III.

38 *Se déployer face en arrière en bataille.*

Le commandant en chef fait exécuter la *contre marche* (*Ecole de batterie*, n° 57), et la manœuvre se réduit alors à un déploiement en avant (n° 33).

TROISIÈME PARTIE.

Mouvemens en bataille.

ARTICLE PREMIER.

Marcher en bataille, arrêter la ligne et l'aligner, passer un obstacle.

§. Ier.

Marcher en bataille.

39 Les batteries étant en bataille et correctement alignées, le commandant en chef fait indiquer au chef de la batterie d'alignement, le point sur lequel cette batterie doit se diriger, et commande :

1. *Garde à vous.*
2. *Batteries en avant.*
3. (*Telle*) *batterie* (*batterie d'alignement*).
4. Marche.

Au troisième commandement, le chef de la batterie désignée commande :

Guide à droite (ou *à gauche*).

Selon qu'elle fait partie de la division de droite ou de la division de gauche, les chefs des autres batteries indiquent le guide du côté de celle de l'alignement,

Au commandement *marche*, répété par les chefs de batterie, toute la ligne se porte en avant, les chefs de section marchant alignés entre eux, et le chef de pièce qui sert de guide à la batterie d'alignement, la dirigeant sur le point indiqué et se maintenant dans cette direction en prenant des points intermédiaires. (*Voyez* pour les autres principes de la marche en bataille, le n° 37 de l'Ecole de batterie.)

§. II.

40 *Arrêter la ligne et l'aligner.*

Le commandant en chef commande :

1. *Garde à vous.*
2. *Batteries.*
3. *Halte.*
4. *Sur (telle) batterie* = ALIGNEMENT.

Les chefs de batterie répètent les trois premiers commandemens ; au troisième, les batteries s'arrêtent, et au quatrième, celle qui sert de base à l'alignement s'aligne à droite, si elle fait partie d'une division de droite, et à gauche dans le cas contraire ; les autres batteries s'alignent du côté indiqué. Si l'on veut donner plus de régularité à l'alignement, on se servira des moyens prescrits aux nos 42 et 43 de l'Ecole de batterie.

§. III.

Passage d'un obstacle.

41 Si l'obstacle se trouve devant une *pièce* ou une *section*, le passage s'exécute au commandement du capitaine, en se conformant à ce qui a été prescrit au n° 37 de l'*Ecole de batterie*.

42 Si l'obstacle se présente devant le front entier d'une batterie, le passage s'exécute à l'avertissement du commandant en chef.

(Telle) batterie = OBSTACLE.

Le chef de la batterie l'arrête et la fait rompre *par section à droite ou à gauche* (*Ecole de batterie*, n° 15), pour la placer en colonne derrière la section voisine de l'autre batterie de la même division.

ARTICLE II.

Marcher par le flanc, rompre la ligne en marchant, former la ligne, passage du défilé.

§. Ier.

43 ***Marcher par le flanc pour gagner du terrain à droite ou à gauche; changer ensuite de direction, rétablir la ligne dans l'ordre en bataille.***

Comme dans l'Ecole de batterie, nos 48, 49 et 50.

§. II.

Passage du défilé.

44 Le passage du défilé en avant ou en retraite dans l'ordre en bataille, s'exécute en rompant par un des moyens donnés précédemment.

§. III.

Changement de front étant dans l'ordre en bataille.

45 *Règle générale.* Dans tous les changemens de front en bataille, on prend pour pivot *l'aile droite* d'une batterie pour faire face à droite, et réciproquement.

La batterie qui sert de base fait une conversion dans l'ordre *en avant*, du côté du pivot, et la batterie voisine de ce pivot exécute deux demi-conversions dans l'ordre *en retraite*; les autres batteries, selon qu'elles sont ou non du côté du pivot, suivent dans l'ordre *en retraite* ou dans l'ordre *en avant*, le mouvement des batteries qui conversent.

Ensuite les batteries qui ont marché en retraite exécutent un demi-tour par pièce et par caisson, et sont établies sur l'alignement.

6 Afin de réunir dans un seul exemple tous les cas qui peuvent se présenter, on supposera qu'on veuille exécuter le changement de front sur une batterie du centre de la ligne, sur la droite de la troisième batterie pour faire face à droite.

Le commandant en chef commande :

1. *Garde à vous.*
2. *Changement de front sur la section de droite de la troisième batterie pour faire face à droite.*
3. MARCHE.

La troisième batterie exécute une conversion à droite de pied ferme (*Ecole de batterie*, n° 40), puis est arrêtée et établie sur la nouvelle ligne.

Le chef de la quatrième batterie commande :

Demi-à-droite.

et ensuite,

En avant = GUIDE A DROITE.

Lorsque la droite de la batterie est arrivée à deux longueurs de pièce environ, en dehors de l'aile gauche de la batterie voisine, il commande de nouveau :

Demi-à-droite.

puis :

Halte, à droite = ALIGNEMENT.

Les première et deuxième batteries exécutent *un demi-tour par pièce et par caisson*, le demi-tour exécuté, leurs chefs commandent :

Demi-à-droite.

puis :

En avant = GUIDE A DROITE,

et ensuite de nouveau :

Demi-à-droite.

puis :

En avant = GUIDE A DROITE.

Ces batteries se règlent sur la batterie voisine du côté du pivot, dépassent la ligne d'environ une longueur de pièce ; puis s'établissent sur l'alignement par un second *demi-tour par pièce et par caisson.*

47 *Nota.* Si la nature du terrain empêchait quelqu'une des batteries de se porter à la nouvelle ligne par la marche en bataille, elle romprait en colonne, soit en avançant, soit en retraite, pour aller ensuite se former en bataille à son rang dans la ligne.

QUATRIÈME PARTIE.

Formations et mouvemens en batterie.

ARTICLE PREMIER.

Manière de passer de l'ordre en bataille à l'ordre en batterie, et de l'ordre en batterie à l'ordre en bataille ou en colonne.

§. I.

348 Passer de l'ordre en bataille à l'ordre en batterie, comme dans l'*Ecole de batterie*, nº 59, 60, 61 et 62.

§. II.

349 Passer de l'ordre en batterie à l'ordre en bataille, comme dans l'*Ecole de batterie*, nº 63, 64 et 65.

§. III.

350 Passer de l'ordre en batterie à l'ordre en colonne, comme dans l'*Ecole de batterie*, nº 66 (1) et évolutions (Première partie, article premier, et deuxième partie, article premier.)

(1) Quand on manœuvre sans caissons, et qu'étant en batterie, on veut ployer la ligne en colonne par batterie, les trois batteries qui ont à déboîter n'ont pas besoin, après avoir réuni les deux trains, de se rétablir dans l'ordre en avant.

ARTICLE II.

Différentes manières de passer de l'ordre en colonne à l'ordre en bataille.

1° En avant.
2° À droite (ou à gauche).
3° Face en arrière.

§. I.

Se former en avant en batterie.

1° Colonne par section (ou par demi-batterie).

51 PREMIER CAS. — Ayant rompu par une des ailes de la ligne, se former en batterie sur la section de la tête de l'une des batteries.

Le capitaine commande :

1. *Garde à vous.*
2. *Sur la deuxième batterie, en avant en batterie* = OBLIQUE A GAUCHE.
3. MARCHE.

La première batterie marche par le flanc pour gagner du terrain à droite.

La deuxième batterie se forme *en avant en batterie, oblique à gauche.* (*Ecole de batterie*, n° 67.)

Les troisième et quatrième batteries se dirigent en colonnes partielles à une fois et demie environ l'étendue du front d'une batterie en arrière du point où doit appuyer leur droite, marchant ensuite perpendiculairement à la ligne de bataille, et se forment de même *en avant en batterie, oblique à gauche.*

La première batterie ayant gagné assez de terrain sur le flanc droit, exécute le mouvement par pièce et par caisson à droite, et va s'établir ainsi *en retraite en batterie* sur l'alignement des autres. (*Voyez* la formation correspondante en bataille, évolutions, n°s 10 et 8.)

52 DEUXIÈME CAS. — Ayant rompu par les sections du centre, le commandant en chef fait les mêmes commandemens qu'au n° précédent, sans indiquer l'oblique; le déploiement des batteries des colonnes de droite et de gauche, s'exécute d'après les mêmes principes.

2° Colonne par batterie, la droite en tête.

Le commandant en chef commande :

1. *Garde à vous.*
2. *Sur la deuxième batterie pour faire feu,*
   = DÉPLOYEZ LA COLONNE.
3. MARCHE.

La première batterie fait par pièce et par caisson à droite, et après avoir gagné assez de terrain sur le flanc, fait par pièce et par caisson à droite, et s'établit *en retraite en batterie.* (*Ecole de batterie*, n° 61.)

La deuxième batterie se forme en batterie. (*Ecole de batterie*, n°s 59 et 60.)

Les autres batteries font par pièce et par caisson à gauche, gagnent ainsi du terrain par le flanc, font ensuite par pièce et par caisson à droite, et se trouvant alors dans l'ordre en bataille, se forment *en batterie* sur l'alignement de celles déjà établies. (*Ecole de batterie*, n° 62.)

Voyez la formation correspondante en bataille. (*Evolutions*, n° 33.)

§. II.

Se former en batterie à gauche (ou *à droite*) et *sur la gauche* (ou *sur la droite*).

1. Colonne par section.

53 PREMIER CAS. — Se former en batterie à gauche (ou à droite).

Comme dans l'Ecole de batterie, n° 70.

54 DEUXIÈME CAS. — Se former en batterie sur la gauche (ou sur la droite).

Comme dans l'Ecole de batterie, n° 72.

55 TROISIÈME CAS. — Ayant rompu par les sections du centre,

Le commandant en chef commande :

1. *Garde à vous.*
2. *A gauche et sur la gauche* (ou *à droite et sur la droite*) *en batterie.*
3. MARCHE.

La colonne de gauche fait *par section à gauche* et se forme ensuite *en avant en batterie;* la colonne de droite se forme *sur la gauche en batterie.*

56 2° Colonne par batterie.

Le commandant en chef commande :

1. *Garde à vous.*
2. *Par la queue de la colonne à gauche* (ou *à droite*) *en batterie.*
3. MARCHE.

La quatrième batterie exécute une conversion de pied ferme, et se forme en avant en batterie.

Toutes les autres exécutent successivement le même mouvement. *Voyez* la formation correspondante en bataille. (*Evolutions*, n° 36.)

§. III.

Se former face en arrière en batterie.

1° Colonne par section la droite en tête.

57 PREMIER CAS. — Se former face en arrière en batterie sur la section de la tête de l'une des batteries.

Le commandant en chef commande :

1. *Garde à vous.*
2. *Sur la section de la tête de la deuxième batterie, face en arrière en batterie* = OBLIQUE A DROITE.
3. MARCHE.

La première batterie tourne à gauche et se prolonge parallèlement à la ligne.

La deuxième batterie se forme *face en arrière en batterie*, *oblique à droite*. (*Ecole de batterie*, n° 74.)

Les troisième et quatrième batteries tournent à droite, se dirigent diagonalement en colonnes partielles, à environ une fois et demie l'étendue du front d'une batterie en arrière du point où doit appuyer leur droite, marchent ensuite perpendiculairement à la ligne de bataille, et se forment *face en arrière en batterie*, comme la deuxième.

Lorsque la première batterie a gagné assez de terrain sur le flanc gauche, son chef la fait former *par section à gauche*, en marchant (*Ecole de batterie*, n° 54), puis exécuter une formation *en batterie* sur l'alignement de la deuxième. *Voyez* la formation correspondante en bataille. (*Evolutions* n° 38.)

58 DEUXIÈME CAS. — Ayant rompu par les sections du centre, le commandant en chef fait les mêmes commandemens qu'au n° 75, et le déploiement en batterie des colonnes de droite et de gauche s'exécute d'après les mêmes principes.

59 2° Colonne par batterie.

Le commandant en chef fait préalablement exécuter la contre-marche, et la manœuvre se réduit alors à un déploiement en avant.

§. IV.

Une colonne par section ayant tourné à droite (ou à gauche), la former en batterie avant que sa totalité ne soit dans la nouvelle direction.

60 Premier cas. — La colonne ayant tourné à droite, la former à gauche et en avant en batterie.

Dans ce cas comme dans le suivant, les commandemens sont analogues à ceux de la formation correspondante en bataille, nos 17 et 18.

Les deux premières batteries se forment à gauche en batterie, par section à droite, et les deux autres en avant en batterie = OBLIQUE A GAUCHE. (*Ecole de batterie*, nos 70 et 67.)

61 Deuxième cas. — La colonne ayant tourné à gauche, la former à gauche et face en arrière en batterie.

Les deux premières batteries se forment à gauche en batterie, par section à droite, et les deux autres face en arrière en batterie = OBLIQUE A DROITE. (*Ecole de batterie*, nos 70 et 74.)

ARTICLE III.

Changemens de front en batterie.

62 *Règle générale.* — Dans tous les changemens de front en batterie, on prend pour pivot l'aile droite d'une batterie pour faire feu à gauche, et réciproquement.

La batterie qui sert de base exécute un changement de front comme au n° 79 de l'*Ecole de batterie.* La batterie voisine de ce pivot exécute deux demi-conversions dans l'ordre en avant; les autres batteries, selon qu'elles sont ou non du côté du pivot, suivent dans l'ordre en avant ou dans l'ordre en retraite le mouvement des deux batteries qui viennent d'être désignées; ensuite les batteries qui ont marché en avant se forment en batterie.

83 *Règle générale.* — Dans les batteries, autres que celles du pivot, la ligne des caissons doit serrer sur celle des pièces à sa distance de bataille, où la ligne des pièces sur celle des caissons, selon qu'on doit marcher en avant ou en arrière.

84 Afin de réunir dans un exemple tous les cas qui peuvent se présenter, on supposera qu'on veuille exécuter le changement de front sur une batterie du centre de la ligne, sur la droite de la troisième batterie pour faire feu à gauche.

Le commandant en chef commande :

1. *Garde à vous.*
2. *Changement de front sur la section de droite de la troisième batterie pour faire feu à gauche.*

La troisième batterie exécute le changement de front du n° 79 de l'École de batterie.

Les deuxième et première batteries font avant-trains en avant.

Ensuite leurs chefs commandent :

Demi-à-gauche en avant = GUIDE A GAUCHE.

puis une deuxième fois *demi à-gauche*, et vont se former en batterie sur l'alignement de la troisième.

La quatrième batterie exécute en retraite les mouvemens analogues. Voyez les changemens de front en bataille. (*Evolutions*, nos 45, 46 et 47.)

ARTICLE IV.

La ligne étant en batterie, exécuter les différens feux.

§. I.

65 *Faire feu. — Faire cesser le feu.*

Comme dans l'*Ecole de batterie*, n° 81.

§. II.

66 *Feu en avançant par batterie, la ligne faisant feu.*

Le commandant en chef commande :

1. *Garde à vous.*
2. *Feu en avançant par batterie.*
3. *Première batterie commencez le mouvement.*

A ce commandement, le chef de la première batterie fait cesser le feu, se porte en avant environ l'étendue du front d'une batterie, et se forme en batterie (1).

Aussitôt que la première batterie est arrivée à sa nouvelle position et a commencé son feu, la deuxième se met en mouvement pour se porter en avant, et à la même distance que la première, et ainsi de suite.

Lorsque la quatrième est établie en avant, le mouvement recommence de la même manière par la gauche.

On exécute d'une manière analogue le feu, en avançant par division.

Si on veut simplement changer la ligne de feu, dès que la première est établie dans sa nouvelle position, la deuxième se porte à sa hauteur, et ainsi de suite pour les autres.

---

(1) Le commandant en chef fera prévenir lorsqu'il voudra faire porter la batterie à une plus grande distance. On se conformera à ce qui a été dit aux nos 82 et 83 de l'Ecole de batterie, relativement aux caissons et aux pelotons.

§. III.

Feu en retraite par batterie.

7 Ce feu s'exécute d'une manière analogue à ce qui vient d'être prescrit pour le feu en avançant, et à ce qui a été dit dans l'*Ecole de batterie*, nº 83, pour le feu en retraite par demi-batterie.

§. IV.

8 *Feu en échiquier en avançant ou en retraite.*

Le commandant en chef commande :

1. *Garde à vous.*
2. *Feu en avançant* (ou *en retraite*) *en échiquier par batterie.*
3. *Batteries paires* (ou *impaires*) *commencez le mouvement.*

Chaque batterie se conformera, par rapport à l'autre batterie de sa division, à ce qui a été dit pour une demi-batterie, relativement à l'autre demi-batterie, nº 82 de l'Ecole de batterie.

Nota. Si la ligne, au lieu de faire feu, marchait en bataille, au lieu de commander (telle) batterie commencez le mouvement, le commandant en chef commanderait aux autres batteries en les désignant (telles) batteries commencez le feu.

Après ces différens feux on formera la ligne par des moyens analogues à ceux prescrits dans l'*Ecole de batterie*, nº 89.

§. V.

Feu en arrière.

Le feu en arrière s'exécute pour toute la ligne ou pour une partie seulement, d'après les commandemens du commandant en chef, qui sont les mêmes que dans l'*Ecole de batterie*, nº 84

§. VI.

Passage du défilé en retraite, sous le feu de l'ennemi.

Si le défilé se trouve derrière une batterie des ailes, on rompt successivement par l'aile opposée, tandis que le reste de la ligne protége le mouvement par son feu.

Si le défilé se trouve derrière une batterie du centre (la troisième par exemple), le commandant en chef fait d'abord passer la première batterie que son chef rompt en retraite par la section de droite.

Le défilé se trouvant ainsi derrière le centre, le commandant en chef commande :

1. *Garde à vous.*
2. *Par les sections* (ou *pièces*) *des ailes en arrière du centre, passez le défilé.*
3. MARCHE.

Les sections (ou pièces) des batteries restantes cessent le feu successivement, rompent en retraite, passent le défilé et tournent à droite et à gauche d'une manière analogue à ce qui a été dit dans l'*Ecole de batterie*, n° 88.

A mesure que chaque batterie sort du défilé, son chef la dirige et la forme vis-à-vis la place qu'elle occupait avant le passage, et fait commencer le feu s'il y a lieu.

Les autres batteries étant établies à leur nouvelle position, et ayant commencé le feu, la troisième batterie se met en retraite, soit par un mouvement simultané, soit en rompant, comme il a été dit dans l'*Ecole de batterie*, n° 88.

FIN.

TABLE
DE L'ÉCOLE DE BATTERIE.

TITRE II.

PREMIÈRE PARTIE.

Colonne par pièce.

DEUXIÈME PARTIE.

Colonne par section.

TROISIÈME PARTIE.

Mouvemens en bataille.

QUATRIÈME PARTIE.

Formations en batterie, changement de front et feux.

ÉVOLUTIONS DES BATTERIES.

TITRE III. — PREMIÈRE PARTIE.

DEUXIÈME PARTIE.

Colonne par batterie.

TROISIÈME PARTIE.

Mouvemens en bataille.

QUATRIÈME PARTIE.

Formations en batterie, changemens de front et feux.

www.ingramcontent.com/pod-product-compliance
Ingram Content Group UK Ltd.
Pitfield, Milton Keynes, MK11 3LW, UK
UKHW021108220726
13924UKWH00004B/1578

9 782019 985400